# Faustina Kowalska

**Coleção Testemunhos de Santidade**

Bem-aventurado Luís Guanella
*Mario Carrera*

Catarina de Sena
*Bernard Sesé*

Catarina Labouré
*René Laurentin*

Charles de Foucauld
*Antoine Chatelard*

Faustina Kowalska
*Elena Bergadano*

Franz de Castro Holzwarth
*Mário Ottoboni*

João Maria Vianney
*Marc Joulin*

Luís e Zélia Martin
*Helène Mongin*

Padre Pio
*Gianluigi Pasquale*

Santa Gema Galgani
*Pe. Fernando Piélagos*

Santa Maria Goretti
*Dino De Carolis*

Teresa de Calcutá
*José Luis González-Balado*

Elena Bergadano

# Faustina Kowalska

*Mensageira da Divina Misericórdia*

Dados Internacionais de Catalogação na Publicação (CIP)
(Câmara Brasileira do Livro, SP, Brasil)

---

Bergadano, Elena
　　Faustina Kowalska : mensageira da Divina Misericórdia / Elena Bergadano. – 2. ed. – São Paulo : Paulinas, 2011. – (Coleção testemunhos de santidade)

　　Título original: Faustina Kowalska, Messaggera della Divina Misericordia
　　Bibliografia.
　　ISBN 88-315-2425-9 (ed. original)
　　ISBN 978-85-356-1668-2

　　1. Faustina Kowalska, Santa, 1905-1938　2. Santas cristãs - Biografia I. Título. II. Série.

10-12304　　　　　　　　　　　　　　　　　　　　　　　　　CDD-282.092

---

**Índice para catálogo sistemático:**
1. Santas : Igreja Católica : Biografia　282.092

2ª edição – 2011
4ª reimpressão – 2021

Título original da obra:
*Faustina Kowalska: messaggera della Divina Misericordia*
© Paoline Editoriale Libri. Figlie di San Paolo, 2003
Via Francesco Albani, 21 – 20149 – Milano

| | |
|---|---|
| Direção-geral: | *Flávia Reginatto* |
| Editora responsável: | *Celina H. Weschenfelder* |
| Assistente de edição: | *Márcia Nunes* |
| Tradução: | *Débora Balancin* |
| Copidesque: | *Rosa Maria Aires da Cunha* |
| Coordenação de revisão: | *Andréia Schweitzer* |
| Revisão: | *Patrizia Zagni* |
| | *Leonilda Menossi* |
| Direção de arte: | *Irma Cipriani* |
| Gerente de produção: | *Felício Calegaro Neto* |
| Capa e editoração eletrônica: | *Telma Custódio* |

---

*Nenhuma parte desta obra poderá ser reproduzida ou transmitida por qualquer forma e/ou quaisquer meios (eletrônico ou mecânico, incluindo fotocópia e gravação) ou arquivada em qualquer sistema ou banco de dados sem permissão escrita da Editora. Direitos reservados.*

---

**Paulinas**

Rua Dona Inácia Uchoa, 62
04110-020 – São Paulo – SP (Brasil)
Tel.: (11) 2125-3500
http://www.paulinas.org.br – editora@paulinas.com.br
Telemarketing e SAC: 0800-7010081

© Pia Sociedade Filhas de São Paulo – São Paulo, 2006

"Não são as pessoas com saúde
que precisam de médico,
mas as doentes.
Não é a justos
que vim chamar à conversão,
mas a pecadores" (Lc 5,31-32).

"Felizes os misericordiosos,
porque alcançarão misericórdia" (Mt 5,7).

# DADOS BIOGRÁFICOS

25 de agosto de 1905    Irmã Faustina nasce na Polônia, em Glogowiec, distrito de Turek, prefeitura de Poznan (atualmente Swinice Warckie, principado de Konin). Dois dias depois, em 27 de agosto, foi batizada na igreja paroquial de são Casimiro, em Swinice Warckie, pelo pároco Giuseppe Chodynski, e recebeu o nome de Helena.

1914    Helena recebe a primeira comunhão das mãos do pároco Romano Pawlowski.

Outono de 1917    Começa a freqüentar a escola fundamental em Swinice.

1919    Por causa da idade — 14 anos —, a partir do outono, Helena é impedida de freqüentar a escola; então, com a permissão de sua mãe, a jovenzinha vai trabalhar para uma família de Aleksandrów, perto de Lodz, para ganhar algum dinheiro e ajudar a família.

Verão de 1920    Helena confessa à mãe que quer ingressar em um convento, mas os pais são contrários às suas aspirações. No outono

| | |
|---|---|
| | desse mesmo ano, vai a Lodz para procurar trabalho, com o objetivo de guardar a soma necessária para o dote. |
| 30 de outubro de 1921 | Recebe o sacramento da crisma, em Aleksandrów. |
| Outono/inverno de 1922 | Com 18 anos, Helena pede insistentemente aos pais a permissão para ingressar em um convento e recebe mais uma vez um "não". |
| 2 de julho de 1923 | Encontra, em uma igreja de Varsóvia, padre Giacomo Dabrowski, que lhe arruma uma boa colocação na família Lipszyc, até que ela tenha maturidade para realizar a sua escolha de consagração religiosa. |
| Início de agosto de 1924 | Depois de ter sido rejeitada por algumas comunidades religiosas nas quais havia pedido para ingressar, Helena bate à porta da Congregação das Irmãs da Bem-Aventurada Virgem Maria da Misericórdia, em Varsóvia. |
| 1º de agosto de 1925 | Helena é admitida como postulante em meio às irmãs coadjutoras, na já citada congregação, e começa a trabalhar na cozinha. |
| 23 de janeiro de 1926 | Helena Kowalska vai a Cracóvia para terminar o postulado. Em 30 de abril, depois dos exercícios espirituais de oito dias, inicia o noviciado, recebe o hábito e o nome religioso: irmã Maria Faustina. |
| Março/abril de 1927 | Irmã Faustina atravessa um período de escuridão espiritual, tempo de provação |

|  |  |
|---|---|
|  | que durou quase até a conclusão do noviciado. A madre superiora, Maria Giuseppina Brzoza, encoraja-a, dispensa-a das práticas de piedade e a convida a uma grande fidelidade a Deus. |
| 16 de abril de 1928 | É Sexta-Feira Santa; o ardor do amor divino toma a noviça sofredora, que se esquece das tribulações passadas e reconhece o quanto Cristo sofreu por ela. Na noite de 20 de abril, irmã Faustina inicia os exercícios espirituais em preparação para a profissão dos votos temporários, que acontece em 30 de abril; os votos serão renovados por cinco anos até o início dos votos perpétuos. |
| 31 de outubro | Irmã Faustina é transferida para Varsóvia, para a casa da rua Zytnia. |
| Junho de 1929 | Irmã Faustina é destinada à casa recém-fundada na rua Hetmanska, em Varsóvia. |
| Junho de 1930 | Irmã Faustina é novamente transferida para a comunidade de Plock, onde trabalha na cozinha, no forno e no estabelecimento comercial coligado a estes. |
| 22 de fevereiro de 1931 | Na noite do primeiro domingo da Quaresma, irmã Faustina tem uma visão de Jesus, que lhe ordena pintar uma imagem segundo o modelo visto. |
| Novembro de 1932 | Irmã Faustina volta a Varsóvia para a terceira provação, à qual os membros da congregação se submetem antes de pronunciar os votos perpétuos. |

| | |
|---|---|
| 21 de abril de 1933 | Irmã Faustina participa dos exercícios espirituais de oito dias, ministrados pelo padre jesuíta Wojnar. Em 1º de maio, a jovem irmã pronuncia os votos perpétuos; a cerimônia é presidida pelo bispo, dom Stanislao Rospond. |
| 27 de maio de 1933 | Irmã Faustina parte para Wilno, seu novo destino. |
| 2 de janeiro de 1934 | Irmã Faustina se dirige pela primeira vez ao pintor Eugenio Kazimirowski, encarregado por seu diretor espiritual, padre Michele Sopocko, de pintar a imagem de Jesus misericordioso. |
| 29 de março | Na Quinta-Feira Santa, durante a missa, a pedido do Senhor, irmã Faustina se oferece pelos pecadores, particularmente pelas almas que perderam a confiança na Divina Misericórdia. |
| Fim de junho | O pintor Kazimirowski, encarregado de reproduzir a imagem da Divina Misericórdia, acaba o trabalho, mas irmã Faustina chora amargamente, pois Jesus não é tão bonito quanto ela o tinha visto. |
| 12 de agosto, domingo | Por causa das precárias condições de saúde de irmã Faustina, padre Sopocko é chamado para administrar-lhe a unção dos enfermos. No dia seguinte, irmã Faustina melhora. |
| 26 de abril de 1935 | Irmã Faustina colabora nos preparativos e na decoração da imagem da Divina Misericórdia exposta, pela primeira vez, |

|  |  |
|---|---|
|  | para veneração pública no santuário de Ostra Brama, para a celebração do encerramento do Jubileu da Redenção. |
| 8 de janeiro de 1936 | Irmã Faustina visita o arcebispo Jalbrzykowski; revela-lhe que o Senhor Jesus quer uma congregação que solidifique a Misericórdia Divina pelo mundo e pede que ele lhe conceda a autorização para tudo aquilo que Jesus deseja dela. |
| 12 de maio | Irmã Faustina é designada para a casa de Cracóvia, onde permanecerá até sua morte. Em 9 de dezembro desse ano, buscando preservar a saúde de irmã Faustina, as superioras enviam-na para a casa de saúde de Pradnik, perto de Cracóvia. |
| 27 de março de 1937 | Por ocasião das festas da Páscoa, irmã Faustina, cheia de ânimo, volta à comunidade, mas em 13 de abril piora novamente, a ponto de, em 14 de abril, debilitada pela doença, pedir saúde ao Senhor Jesus não para buscar alívio no sofrimento, mas sim como prova da vontade de Deus a respeito da fundação de um convento, e percebe estar curada completamente. O Senhor lhe ordena que comunique esse fato à sua superiora. |
| 6 de setembro | Por causa das suas condições físicas, que vão aos poucos piorando, irmã Faustina recebe o encargo de porteira. Em 10 de outubro, Jesus revela-lhe outra forma de |

|  |  |
|---|---|
|  | devoção à Divina Misericórdia: a Hora da Misericórdia, a ser observada todos os dias, às três horas da tarde. |
| 21 de abril | O estado de saúde de irmã Faustina piora, a ponto de ser internada em um hospital. |
| 23 de julho | A madre-geral, irmã Michaela Moraczewska, em visita à comunidade de Cracóvia, vai ao encontro de irmã Faustina na casa de saúde e a vê pela última vez. Poucos dias depois, irmã Faustina dirige a última carta à madre geral, pedindo-lhe desculpas por todas as faltas cometidas durante a sua vida na congregação; termina o seu texto com as palavras: "Nós nos veremos no céu". |
| 17 de setembro | Irmã Faustina é reconduzida a seu convento; está muito fraca e custa-lhe muito alimentar-se. A morte não a amedronta; espera com ansiedade o momento em que se unirá ao Senhor Jesus. Em 22 de setembro, irmã Faustina, segundo uma tradição de sua congregação, pede perdão a toda a comunidade pelas faltas cometidas durante a sua vida religiosa. |
| 5 de outubro | Às seis horas, irmã Faustina recebe o sacramento da reconciliação; mais tarde o capelão, com todas as irmãs da comunidade, recita as orações dos agonizantes. Às 22h45 desse mesmo dia, |

|  |  |
|---|---|
|  | irmã Faustina, depois de ter suportado com grande serenidade e paciência longos sofrimentos, volta para o Pai. |
| 7 de outubro | Nos funerais de irmã Faustina não estava presente nenhum membro de sua família. Ela foi colocada na sepultura comum do cemitério da comunidade, em Cracóvia-Lagiewniki. |
| 18 de abril de 1993 | Praça de são Pedro, Roma: o sumo pontífice João Paulo II beatifica irmã Maria Faustina Kowalska. |
| 1º de janeiro de 1994 | O cardeal Camilo Ruini, vigário do Papa, estabelece que a igreja do Espírito Santo, em Sassia, Roma, promova a espiritualidade da Divina Misericórdia. |
| 1º de setembro | A Congregação para o Culto Divino e a Disciplina dos Sacramentos aprova o texto da missa votiva *De Dei Misericordia* que, por vontade de João Paulo II, foi considerado como de uso universal para a Igreja. |
| 23 de abril de 1995 | Primeiro domingo após a Páscoa: João Paulo II celebra na igreja do Espírito Santo, em Sassia, a missa solene no domingo da Divina Misericórdia. |
| 11 de abril de 1999 | Primeiro domingo após a Páscoa: o cardeal Fiorenzo celebra, na praça de são Pedro, a festa da Divina Misericórdia. |
| 1 a 3 de outubro de 1999 | Celebra-se na igreja do Espírito Santo, em Sassia, Roma, o I Encontro da Divina Misericórdia na Itália. |

30 de abril de 2000 Praça de são Pedro, Roma: João Paulo II declara "santa" irmã Maria Faustina Kowalska.

17 de agosto de 2002 João Paulo II, em visita pastoral à Polônia, não só dedica à Divina Misericórdia o novo santuário de Cracóvia-Lagiewniki, como também consagra o mundo à Divina Misericórdia.

# PREFÁCIO

A missão de santa Faustina Kowalska, testemunha e mensageira da Misericórdia de Deus à humanidade, é muito atual nesta nossa época atormentada por tantos males, tanto ódio e tantas guerras.

Sobre ela — humilde filha da Polônia, grande mística que, nos sofrimentos da vida cotidiana, testemunhou alegremente, com oração e com obras, a mensagem da Misericórdia Divina, projetando-a com amor para os homens e as mulheres do terceiro milênio —, em 30 de abril de 2000, assim disse o papa polonês João Paulo II, na homilia da missa celebrada por ocasião de sua canonização:

> "Celebrai o Senhor, porque ele é bom; pois eterno é seu amor" (Sl 118,1). Assim canta a Igreja na oitava de Páscoa, como que recolhendo dos lábios de Cristo estas palavras do salmo; dos lábios de Cristo ressuscitado, que no cenáculo leva o grande anúncio da Misericórdia Divina e confia aos apóstolos o seu ministério: "A paz esteja convosco. Como o Pai me enviou, também eu vos envio [...]. Recebei o Espírito Santo. A quem perdoardes os pecados, serão perdoados; a quem os retiverdes, ficarão retidos" (Jo 20,21-23).
>
> Antes de pronunciar essas palavras, Jesus mostra as mãos e o lado. Mostra, assim, as feridas da paixão, sobretudo a chaga

do coração, fonte da qual nasce a grande onda de misericórdia que inunda a humanidade. Daquele coração, irmã Faustina Kowalska, a beata que de agora em diante chamaremos de santa, verá sair dois fachos de luz que iluminam o mundo: "Os dois raios", explicou-lhe um dia Jesus, "representam o sangue e a água" (*Diário*, p. 132).[1] Sangue e água! O pensamento corre rumo ao testemunho do evangelista João, que viu jorrar "sangue e água" do lado de Jesus (cf. Jo 19,34), quando um soldado, no Calvário, golpeou com a lança o peito de Cristo. E se o sangue evoca o sacrifício da cruz e o dom eucarístico, a água, na simbologia de João, lembra não só o batismo, mas também o dom do Espírito Santo (cf. Jo 3,5; 4,14; 7,37-39).

Por meio do coração de Cristo crucificado, a Misericórdia Divina alcança os homens: "Minha filha, diga que sou o Amor e a Misericórdia em pessoa", pedirá Jesus à irmã Faustina (*Diário*, p. 374). Cristo derrama essa misericórdia sobre a humanidade mediante o envio do Espírito que, na Trindade, é a Pessoa-Amor. E não é talvez a misericórdia o "segundo nome" do amor (cf. *Dives in misericordia*, 7), cultuado em seu aspecto mais profundo e terno, em sua atitude de cuidar de toda a necessidade, sobretudo na sua imensa capacidade de perdoar?

É verdadeiramente grande, hoje, a minha alegria ao propor a toda a Igreja, como dom de Deus para o nosso tempo, a vida e o testemunho de irmã Faustina Kowalska. Pela Divina Providência, a vida dessa humilde filha da Polônia esteve completamente ligada à história do século XX, o qual acabamos de transpor. De fato, entre a Primeira e a Segunda Guerra Mundial, Cristo confiou-lhe a sua mensagem de misericórdia. Aqueles que se lembram, que foram testemunhas e participaram dos eventos daqueles anos e dos horríveis sofrimentos que estes produziram

---

[1] Todas as citações tiradas do *Diário* referem-se ao volume homônimo, que recolhe os escritos de irmã Maria Faustina Kowalska. 8. ed. Città del Vaticano, Libreria Editrice Vaticana, 2000. [Ed. bras.: *Diário da serva de Deus*. Sorocaba, Congregação dos Padres Salesianos].

para milhões de pessoas, bem sabem o quanto a mensagem da misericórdia é necessária.

Jesus disse a irmã Faustina: "A humanidade não encontrará paz enquanto não se voltar com confiança à Divina Misericórdia" (*Diário*, p. 132). Por meio da obra da religiosa polonesa, essa mensagem ligou-se para sempre ao século XX, último século do segundo milênio e ponte para o terceiro. Não é uma mensagem nova, mas tem um dom de especial iluminação, que nos ajuda a reviver mais intensamente o evangelho da Páscoa, para oferecê-lo como raio de luz aos homens e às mulheres de nosso tempo.

O que nos trarão os anos que estão por vir? Como será o amanhã do ser humano sobre a terra? Não nos é permitido saber. É certo, no entanto, que, ao lado dos novos progressos, não faltarão, infelizmente, experiências dolorosas. Mas a luz da Divina Misericórdia, que o Senhor entrega novamente ao mundo por meio do carisma de irmã Faustina, iluminará o caminho das pessoas do terceiro milênio.

Como os apóstolos, tempos atrás, é necessário, portanto, que também a humanidade de hoje acolha no cenáculo da história o Cristo ressuscitado, que mostra as feridas de sua crucificação e repete: "Paz a vocês!". É preciso que a humanidade se deixe atingir e invadir pelo Espírito que o Cristo ressuscitado lhe doa. É o Espírito que cura mais uma vez as feridas do coração, destrói as barreiras que nos distanciam de Deus e provocam divisões entre nós, restitui ao mesmo tempo a alegria do amor do Pai e da unidade fraterna.

É importante, então, que aceitemos por inteiro a mensagem que nos é dada pela Palavra de Deus neste segundo domingo de Páscoa, que, de agora em diante, em toda a Igreja, terá o nome de "domingo da Divina Misericórdia". Nas diversas leituras, a liturgia parece desenhar o caminho da misericórdia que, enquanto reconstrói o relacionamento de cada um com Deus, suscita também entre as pessoas novos relacionamentos de fraterna solidariedade. Cristo nos ensinou: "Felizes os misericordiosos, porque alcançarão misericórdia" (Mt 5,7) (*Dives in misericordia*, 14). Depois ele nos indicou os vários caminhos da misericórdia, que não só perdoa os pecados, mas também vem ao encontro de todas as necessidades dos seres humanos. Jesus debruçou-se sobre cada miséria humana, material e espiritual.

A sua mensagem de misericórdia continua a alcançar-nos por meio do gesto de suas mãos estendidas em direção àquele que sofre. É assim que irmã Faustina o viu e o anunciou às pessoas de todos os continentes; escondida em seu convento de Lagiewniki, em Cracóvia, ela fez de sua existência um canto à misericórdia: *Misericordias Domini in aeternum cantabo.*\*

A canonização de irmã Faustina possui uma eloqüência particular. Mediante essa canonização pretendo, hoje, transmitir a mensagem de Jesus para o novo milênio. Transmito-a a todas as pessoas, para que aprendam a conhecer sempre melhor a verdadeira face de Deus e a verdadeira face dos irmãos.

Amor a Deus e amor aos irmãos são, verdadeiramente, indissociáveis, como nos lembrou a primeira carta de João: "E este é nosso critério para saber que amamos os filhos de Deus: quando amamos a Deus e pomos em prática os seus mandamentos" (5,2). O apóstolo aqui nos chama para a verdade do amor, mostrando-nos a medida e o critério na observância dos mandamentos.

Não é fácil, de fato, amar com um amor profundo, feito do autêntico dom de si. Esse amor aprende-se somente na escola de Deus, no calor de sua caridade. Fixando o olhar nele, sintonizando-nos com o seu coração de Pai, tornamo-nos capazes de olhar para os irmãos com olhos novos, em atitude de gratuidade e de partilha, de generosidade e de perdão. Tudo isso é misericórdia!

Na medida em que a humanidade souber aprender o segredo desse olhar misericordioso, revela-se perspectiva realizável o

---

\* "Vou cantar para sempre a bondade do Senhor" (Sl 89,1).

quadro ideal, proposto na primeira leitura: "A multidão dos fiéis era um só coração e uma só alma. Ninguém considerava suas as coisas que possuía, mas tudo entre eles era posto em comum" (At 4,32). Aqui a misericórdia do coração torna-se também estilo de relacionamentos, projeto de comunidade, partilha de bens. Aqui floresceram as "obras da misericórdia" espirituais e corporais. Aqui a misericórdia tornou concreto o fazer-se "próximo" dos irmãos mais indigentes.

Irmã Faustina Kowalska deixou escrito em seu *Diário*: "Sinto uma profunda dor quando observo os sofrimentos do próximo. Todas as dores do próximo repercutem em meu coração, no qual carrego as suas angústias, de tal modo que me aniquilam também fisicamente. Desejaria que todas as dores recaíssem sobre mim, para levar alívio ao próximo" (p. 365). Eis a que ponto de partilha conduz o amor, quando é medido conforme o amor de Deus!

É nesse amor que o homem de hoje, a humanidade de hoje deve inspirar-se para enfrentar a crise de sentido, os desafios das mais diversas necessidades, sobretudo a exigência de salvaguardar a dignidade de cada pessoa humana. A mensagem da Divina Misericórdia tornar-se-á, assim, implicitamente, também uma mensagem sobre a dignidade, sobre o valor de cada pessoa, que é preciosa aos olhos de Deus. Por todos Cristo deu a sua vida; a todos o Pai concede o dom de seu Espírito e lhes oferece acesso à sua intimidade.

A mensagem consoladora dirige-se, sobretudo, a quem, aflito em razão de uma provação particularmente dura ou esmagado pelo peso dos pecados cometidos, perdeu toda a confiança na vida e foi tentado a sucumbir no desespero. A ele se apresenta a doce face de Cristo; sobre ele chegam aqueles raios que brotam de seu coração e iluminam, aquecem, indicam o caminho e infundem esperança. Quantas pessoas já consolou a invocação: "Jesus, confio em ti!", que a Providência sugeriu por meio de irmã Faustina! Esse simples ato de abandono em Jesus dissipa as escuridões mais densas e faz chegar um raio de luz à vida de qualquer pessoa.

*Misericordias Domini in aeternum cantabo* (Sl 89,1). À voz de Maria Santíssima, a "Mãe da misericórdia", à voz dessa nova santa, que na Jerusalém celeste canta a misericórdia com todos os amigos de Deus, unamos também nós, Igreja peregrina, a nossa voz.

E você, Faustina, dom de Deus para o nosso tempo, dom da terra da Polônia para toda a Igreja, faça-nos perceber a profundidade da Divina Misericórdia, ajude-nos a torná-la experiência viva e a testemunhá-la aos irmãos. Que a sua mensagem de luz e de esperança se difunda por todo o mundo, leve à conversão os pecadores, desfaça as rivalidades e os ódios, abra as pessoas e as nações para a prática da fraternidade. Hoje, ao fixarmos com você o olhar na face do Cristo ressuscitado, fazemos nossa a sua oração de confiante abandono e dizemos com firme esperança: Jesus Cristo, confio em ti! *Jezu, ufam tobie!*

(João Paulo II, *Osservatore Romano*, n. 102, 2-3 maio 2000).

## Capítulo 1

# HELENA KOWALSKA

Três hectares de terreno arenoso, arável e cultivável, mas pouco produtivo, mais dois hectares de campos de feno e de pastagem: é pouco para o sustento de uma família composta por 12 pessoas — os pais e os dez filhos. Aqueles cinco hectares e uma modesta casinha de alvenaria constituíam o patrimônio de Stanislao Kowalski (1868-1946) e de sua mulher, Marianna Babel (1875-1965).

Moravam em uma vila chamada Glogowiec, na Polônia, pertencente ao distrito de Swinice, situada na estrada entre Lodz e Wloclawek. Na casinha de alvenaria, de telhado de madeira, havia apenas dois quartos separados por um corredor. No quintal, um espaço quadrado entre a casa, o estábulo e o celeiro, corriam e cacarejavam patos, gansos, galinhas, frangos e pintinhos. Sobre as ondulações do terreno, de quando em quando, algum galinho arrogante expandia no ar as notas alegres e agudas do seu cocoricó.

Agricultor e carpinteiro, Stanislao Kowalski trabalhava muito para dar um padrão de vida digno para os seus, e o conseguia somente em parte. Mas a mesa frugal e a falta às vezes até mesmo do necessário não tiravam a alegria de viver nem dele, nem de sua mulher, nem de sua numerosa ninhada. Deus estava com eles. E pela manhã, quando o sol começava a surgir, ele, trabalhador incansável e feliz, entoava com toda a força "Quando surge a aurora", depois "As pequenas horas", dedicadas a Nossa Senhora, e, durante a Quaresma, as "Lamentações".

"Quer se calar? Vai acordar as crianças. A 'pequenina' precisa dormir", implorava a mulher.

"Deus em primeiro lugar, minha mulher. Tenho que dar bom exemplo aos filhos", rebatia ele. E voltava a cantar com voz robusta.

A "pequenina" era a terceira filha, proclamada "santa" em 30 de abril de 2000 pelo papa polonês Karol Wojtyla, João Paulo II.

Nasceu em 25 de agosto de 1905, em Glogowiec, e foi batizada dois dias depois, com o nome de Helena, pelo reverendo Giuseppe Chodynski, na igreja paroquial de são Casimiro, em Swinice Warckie, perto de Lodz. A sua protetora real, santa Helena, mãe do imperador Constantino, o Grande, aquela que na Terra Santa encontrou a cruz de Cristo, terá certamente feito uma festa no céu, pois sobre a terra nascera uma nova santa.

Depois de Helena, o casal Kowalski teve sete filhos. Stanislao, homem de belo aspecto, com bigode à moda de Francisco José de Habsburgo, além de ser muito religioso e trabalhador, era severo e responsável no cumprimento de seus deveres profissionais e familiares. Exigia que os filhos o imitassem e não suportava as pequenas transgressões deles.

Marianna, uma bela mulher de feição resoluta, mas doce e sorridente, era também muito religiosa, trabalhadora, tenaz e, ao mesmo tempo, sensível, tolerante e afetuosa, inteiramente dedicada à casa e à educação dos filhos, os quais desde a infância acostumou à oração e ao trabalho; aos menores, então, cabia cuidar das vacas no pasto.

No ambiente camponês, isso não acontecia somente na Polônia, mas em toda a Europa e certamente na Itália. Era normal para os meninos e meninas das vilas acompanharem a pastagem de um par de vacas ou de ovelhas, já que os grandes rebanhos pertenciam aos ricos proprietários e não ao povo pobre. Saíam de casa no início da manhã, quando as gotas de orvalho cobriam os prados verdejantes como se fossem pérolas e os primeiros raios do sol as faziam brilhar sobre a grama fresca como pequenos diamantes, ou pouco antes do pôr-do-sol, quando as sombras já começavam a cair sobre os pastos e no céu se avistava o branquear de um pedacinho da lua ou a arredondada lua cheia. Então, os pequenos pastores diziam ao irmãozinho ou ao amiguinho: "Olhe que lua bonita! Parece a polenta que a mamãe faz! Já me dá água na boca. Quem sabe se amanhã a mamãe não a servirá com cogumelos frescos recolhidos no bosque? Que delícia!".

A pequena Helena Kowalska, caprichosa e alegre, de cabelos ruivos, olhos verde-acinzentados, sorriso aberto, olhar jovial e resoluto, face pontilhada de sardas que a tornavam ainda mais simpática, crescia saudável, bela, trabalhadora e devota e não desdenhava o cajado de pastora para cuidar com disciplina das três vacas da propriedade familiar.

Um domingo, para não perder a missa, bolou um plano: levantou-se ao amanhecer e, sem fazer barulho, saiu pela janela, abriu o estábulo e conduziu as três vacas ao pasto. Mas aquele período de seca havia queimado a grama, que crescia somente nas beiradas dos campos de centeio, de modo que apenas um pastor muito esperto poderia pastorear sem provocar danos.

Logo que acordou, Stanislao foi ao estábulo e o encontrou aberto e vazio. Consternado, pensou logo em ladrões, quando do limiar do bosque escutou a voz alegre de sua filhinha que cantava forte "As pequenas horas". Stanislao Kowalski, enfurecido e já com a cinta na mão, pensava consigo: "Pagará caro essa imprudência!", não duvidando completamente que o campo estivesse devastado por culpa de Helena. Logo, com grande espanto, viu que a grama do caminho estava comida até as raízes, mas no campo não faltava uma só espiga. Nesse ínterim, Helena, sorridente, correu-lhe ao encontro: "Papai, agora posso ir à missa?". Rapidamente o pai escondeu a cinta às costas e não ousou negar à filha a permissão que lhe fora pedida. Helena levou de volta as vacas ao estábulo e as ordenhou cantando, com o coração em festa porque poderia ir à missa.

Sobre esse fato quase "milagroso", que um camponês com a experiência de Stanislao sabia devidamente apreciar, continuou-se a falar durante anos na família.

Helena, no entanto, nem sempre podia ir à missa dominical, porque nem sempre tinha sapatos e uma roupa decente para vestir.

Apesar de a família Kowalski viver de maneira pobre, Stanislao conseguia dinheiro para adquirir bons livros para fazerem a leitura juntos. E foram justamente essas leituras edificantes sobre a vida dos santos e dos Padres do deserto que suscitaram na alma piedosa e sensível da pequena Helena a disposição para a vida consagrada. Ela contava o conteúdo dos livros aos amiguinhos, quando pastoreavam o rebanho ou brincavam juntos. Desde a infância, queria viver a sua vida para Deus e para o próximo, como os protagonistas daqueles livros.

O clima religioso respirado na família favoreceu nela uma pessoal e viva união com Deus, que se revelou desde os 7 anos. Aos 9 anos — segundo os costumes da época —, fez a sua primeira confissão e recebeu das mãos do pároco, o reverendo Pawlowski, a hóstia santa. Estava felicíssima, pois, pela primeira vez, tinha Jesus no coração, vivo e verdadeiro. Ele, desde esse momento, foi sempre o seu tudo, o seu sumo bem. Escreverá depois em seu *Diário*:

> Ó Jesus escondido, em ti está toda a minha força. Desde os mais tenros anos, Jesus no Santíssimo Sacramento chamou-me a si. Aos sete anos, enquanto eu estava rezando as vésperas e Jesus

estava exposto no ostensório, foi-me transmitido pela primeira vez o amor de Deus, que encheu o meu pequeno coração, e o Senhor me fez compreender as coisas divinas [...]. Toda a força de minha alma vem do Santíssimo Sacramento.

## Tempo de guerra

Era 1914 quando Helena Kowalska fez a primeira confissão e a primeira comunhão. Enquanto Jesus, hóspede agradabilíssimo de seu terno e fervoroso coração sugeria-lhe sentimentos de amor e de paz, a Europa se preparava quase inteira para a Primeira Guerra Mundial, iniciada em 28 de julho de 1914 e finalizada em 11 de novembro de 1918, com a assinatura do armistício também por parte da Alemanha.

A centelha que fez estourar a guerra foi o assassinato do arquiduque Francisco Fernando de Habsburgo, herdeiro do trono da Áustria, acontecido em Sarajevo, em 28 de junho de 1914, cometido por um estudante bósnio. Assim, no dia 28 de julho do mesmo ano, a Áustria do imperador Francisco José de Habsburgo, auxiliada pela Alemanha do imperador Guilherme II de Hohenzollern, declarou guerra à Sérvia, colocando fim à paz da Europa.

Pelas terras da Polônia passaram armadas inteiras. A armada russa e depois a alemã exigiram "impiedosamente" todos os sustentos que encontraram. Como tantas outras, também a numerosa família de Stanislao Kowalski foi constrangida pela mordaça da miséria e da fome.

A trágica e atormentada história da Polônia iniciou-se no século X, exatamente em 966, quando o duque Miesco I, fundador da dinastia dos Piast, converteu-se ao cristianismo com o seu povo, avaliando também os benefícios que tal conversão em massa comportava. Na verdade, a instituição desse previdente príncipe foi tão aguda, que os posteriores a reconheceriam como um acontecimento decisivo para o futuro da Polônia e de toda a Europa. Ele, de fato, com habilidosa estratégia, colocou-se sob a proteção do papa, evitando assim sujeitar o país à colonização alemã.

No decorrer dos séculos seguintes, a Polônia conheceu um notável desenvolvimento econômico e cultural, acompanhado pela tolerância religiosa, virtude singular em uma Europa dilacerada pelas guerras religiosas, que fez daquele país um refúgio para os perseguidos de todo o continente. Do ponto de vista cultural, o Renascimento polonês foi, à imagem do italiano, um tempo de grande progresso nas artes e nas ciências.

No século XVII, contudo, chegou ao declínio, e sucessivamente a três divisões, ocorridas em 1772, 1793 e 1795, que despedaçaram o país para vantagem da Prússia (protestante), da Áustria (católica) e da Rússia (ortodoxa). Enfim, com o Tratado de Viena, de 1815, a Polônia foi apagada do mapa cartográfico.

> O povo levantar-se-á muitas vezes. Sempre será aniquilado. Por conseqüência, os austríacos, sobretudo os russos e os prussianos, buscarão apagar qualquer traço de nacionalismo, a ponto de a Polônia correr o risco de sucumbir aos assaltos da russificação e da germanização [...]. Um país ao mesmo tempo amaldiçoado por seus eternos predadores e exaltado por seus defensores. Será a guerra de 1914-1918 a salvar uma Polônia que não mais existia.
>
> Depois do conflito, as grandes potências estão de joelhos. Em particular, os impérios russo, alemão e austríaco caem. Os poloneses sentem-se, então, bastante fortes para reconstruir uma nação, a qual não havia jamais deixado de existir em seu coração e sua mente. Certo, durante dois séculos os súditos foram dilacerados pelo czar, pelo cáiser e pelo imperador. Mas, interiormente, "clandestinamente" não haviam renunciado à sua identidade. Permaneceram ligados por uma indefectível

"solidariedade": uma palavra encantada e premonitória para esse povo eternamente rebelde e eternamente submisso.[2]

O Tratado de Versalhes, de 1919, estabelece as fronteiras do novo Estado polonês independente, sancionando o renascimento de um país aniquilado que, finalmente, encontrou a sua identidade e uma colocação no continente europeu.

A Polônia era, então (e em parte ainda hoje é), uma nação heterogênea, constituída por cerca de 27 milhões de habitantes, dos quais 19 milhões são poloneses, enquanto o restante é formado por ucranianos, bielo-russos, alemães, russos ou lituanos. A maioria desses *novos poloneses* professa a religião católica; contudo, a comunidade hebraica, com seus dois milhões de membros, tem uma importância notável no interior do precário equilíbrio social, religioso e cultural.

Em 1917, durante a guerra, Helena, com 12 anos, começou a freqüentar a escola de Swinice; mesmo sendo uma excelente aluna, depois de apenas três anos teve de renunciar aos estudos, a fim de deixar o lugar para os seus irmãos mais novos.

Em 1920, com 15 anos, Helena já havia decidido consagrar-se totalmente a Deus. Esperava somente que ele, o Misericordioso, abrisse as portas do convento que a acolheria. Nesse meio tempo, em 18 de maio do mesmo ano, na cidade de Wadowice, vinha ao mundo o mais ilustre de seus contemporâneos, Karol Josef Wojtyla, o tão amado João Paulo II.

---

[2] MENEY, Patrick. *Anche il Papa ha avuto vent'anni*. Milano, Paoline, 1996. p. 16.

## Capítulo 2

# HELENA SE TORNA IRMÃ FAUSTINA

Quando Helena Kowalska decidiu deixar a casa paterna, onde havia alegremente passado metade de sua vida com seus pais, irmãos e irmãs, tinha 16 anos: era 1921.

Não carregava um considerável dote nem um enxoval, mas sim algo muito mais precioso: um verdadeiro e próprio capital, não avaliado em dinheiro, constituído pelo precioso tesouro da fé, da esperança e do amor por Deus e pelo próximo; além dos sãos princípios da moral católica, um profundo senso de responsabilidade das próprias ações e muitíssimas virtudes, entre elas a humildade, a obediência, o trabalho, a gentileza, a jovialidade, a prudência, a paciência e muita vontade de orar, mais um intenso desejo de permanecer sempre unida a Deus, que amava verdadeiramente com coração ardoroso, acima de todos os bens deste também maravilhoso mundo.

Partiu, portanto, e foi para Aleksandrów para trabalhar, como doméstica, com a senhora Leokadia Bryszewska, e aí teve a misteriosa visão do "esplendor". Este evento a induziu a voltar para a família para dizer à mãe: "Tenho que ingressar em um convento". Não disse "quero", mas sim "tenho", pois o chamado a impelia e, neste caso, era preciso dar mais atenção à voz de Deus que à das pessoas.

Marianna e Stanislao justificaram a proibição apresentando como pretexto a falta de dinheiro para o dote e para o enxoval, naquele tempo requisitados pelos conventos.

Helena calou-se, mas não desistiu. Decidiu ir para Lodz para trabalhar com a proprietária de uma mercearia, a senhora Marcjanna Sadowska, que lhe confiou o cuidado da casa e de seus três filhos. A senhora Sadowska lembra-se de Helena como uma pessoa alegre e gentil, muito querida por seus filhos, que à noite se sentavam para escutá-la enquanto lhes contava histórias. Gentil, educada e trabalhadora, Helena era, sobretudo, muito boa.

Em agosto de 1923, aos 18 anos, Helena voltou novamente a suplicar a seus pais que lhe concedessem a permissão de ingressar no convento, mas o "não" obstinado deles pareceu-lhe definitivo; por isso, contra a sua vontade, decidiu adaptar-se à vida no mundo, como as outras jovens não chamadas por Deus à vida consagrada.

É Deus, contudo, quem escolhe, e ele não se dá facilmente por vencido. Embora os religiosos pais de Helena — de acordo com o tio Michele Rapacki, na casa do qual a família Kowalski ia aos domingos — fizessem o possível para desviá-la de sua vocação com propostas de vida civil, Deus misericordioso, que havia amorosamente colocado os olhos nela desde a infância, conseguiu conduzi-la ao convento.

Conta a própria Helena:

> Depois que meus pais não me permitiram ingressar no convento, abandonei-me à frivolidade da vida, sem levar em conta a voz da graça e não encontrando a minha alma satisfação em coisa alguma; o incessante chamado da graça era um grande tormento para mim; procurava, no entanto, sufocá-lo com diversões, evitava Deus interiormente e voltava toda a minha alma para as criaturas; contudo, triunfou em minha alma a graça divina. Uma vez fui a um baile com minha irmã. Enquanto a

festa estava no auge, a minha alma experimentava um grande tormento interior. Quando comecei a dançar, vi de repente perto de mim Jesus martirizado, despojado de roupas, todo coberto de feridas. Ele me disse estas palavras: "Até quando terei de suportar-te e até quando me enganarás?". Naquele momento, calou-se para mim a música alegre, desapareceu de meus olhos a companhia com a qual me encontrava e restamos só eu e Jesus. Sentei-me ao lado de minha irmã, dando como desculpa uma dor de cabeça. Depois de um tempo, deixei de lado a companhia de minha irmã e fui à catedral de são Stanislao Kostka. Começava a escurecer; na catedral havia poucas pessoas; não me importando com nada do que acontecia em torno de mim, caí, estirada como em cruz, diante do Santíssimo Sacramento, e pedi ao Senhor que se dignasse dar-me a conhecer o que eu deveria fazer daí por diante. De repente, ouvi estas palavras: "Parte imediatamente para Varsóvia e lá ingressarás em um convento". Depois da oração, levantei-me e voltei para casa, onde, depois de pegar as coisas necessárias, confessei à minha irmã o que havia acontecido em minha alma e pedi para que dissesse adeus por mim a meus pais. Assim, apenas com a roupa do corpo, sem levar nada comigo além do essencial, cheguei a Varsóvia. Desci do trem, olhei em torno, mas, vendo cada um andar pelo seu próprio caminho, fui tomada pela angústia de não saber o que fazer. Aonde ir? Não tinha nenhum conhecido lá. Disse então a Nossa Senhora: "Maria, conduze-me tu, dirige meus passos". No mesmo instante, ouvi na alma uma voz que me dizia para ir para fora da cidade, a certo vilarejo, onde encontraria seguro abrigo para a noite; assim fiz e encontrei de fato o lugar, como havia dito Nossa Senhora.

No dia seguinte, em muito boa hora, cheguei à cidade, entrei na primeira igreja que encontrei e comecei a rezar para saber o que Deus queria de mim então. As santas missas seguiam-se uma após a outra; durante uma delas, ouvi estas palavras: "Vai até aquele sacerdote, conta-lhe tudo e ele te dirá o que tens de fazer". Acabada a santa missa, fui à sacristia e narrei ao sacerdote o que havia acontecido em minha alma, pedindo-lhe conselho para saber em qual convento deveria ingressar. O sacerdote em princípio admirou-se, mas ordenou que eu tivesse muita confiança, que Deus providenciaria tudo a seu tempo: "No entanto, eu a mandarei a uma piedosa senhora, junto da qual ficará até o seu ingresso no convento" (*Diário*, pp. 6-8).

Com sua nova patroa, a senhora Aldona Lipszyc, Helena ficou à vontade e foi amada por toda a família, pois se comportou como em Lodz, com a família da senhora Marcjanna Sadowska.

A senhora Aldona Lipszyc assim testemunhou no processo informativo pela beatificação de Faustina Kowalska:

> Helena chegou a nossa casa com poucas palavras de recomendações do padre Dabrowski, pároco de San Giacomo, em Ochota (periferia de Varsóvia). Todos os seus bens estavam amarrados em um grande lenço quadriculado. Causou-me boa impressão: limpa, sadia, alegre, com grossa trança de um ruivo veneziano e um olhar simpático, a face salpicada de sardas claras [...]. Trabalhadora incansável, não desanimava diante do cansaço e assumia as suas responsabilidades. Nós todos a amávamos e a estimávamos; fazia parte da família. A sua religiosidade não era opressora, salvo talvez porque, enquanto trabalhava, cantava hinos religiosos. Sabíamos que queria ser freira, mas estávamos tão afeiçoados a ela, que a sua partida foi um grande golpe para nós.

Também uma filha da senhora Lipszyc lembra:

> [...] Helena estava sempre alegre e contente. Trabalhava docemente e sorrindo como se nada lhe pesasse, mesmo tendo muitas coisas a fazer para nós! Nós, crianças, a amávamos muito porque se divertia conosco e nunca ficava brava. Apesar de bastante irrequietos e normalmente pouco dóceis, nós lhe obedecíamos, pois ela sempre tinha razão. Não que a temêssemos, mas por

nada neste mundo queríamos desagradá-la. Mamãe a tinha em tal estima, que um dia nos disse: "Se Helena me desiludisse, eu não poderia nunca mais confiar em ninguém".

Por ser uma boa cristã, a senhora Lipszyc acreditava, como tantas pessoas naquele tempo, que para ingressar num convento era preciso um caráter dócil, humilde, reservado e silencioso. Helena, portanto, com a sua alegria e o seu temperamento resoluto, não lhe parecia apta para aquela escolha de vida; portanto, nada fez para ajudá-la a realizar seus sonhos, que considerava pouco consistentes.

Durante esse tempo, Helena, de maneira oculta, começou a bater às portas dos diversos conventos, sem sucesso. Uma moça sem dote, que mal sabia ler e escrever e possuía apenas um pobre vestido surrado não representava uma novata interessante. Essa era a mentalidade daquele tempo!

Aconteceu também que, à porta de um convento, interrogada sobre a sua condição social, Helena obteve esta resposta: "Aqui não se aceitam domésticas!".

De sua parte, irmã Faustina, lembrando depois aqueles momentos, escreveu:

> Fui rejeitada completamente; a dor me apertava o coração. Eu disse a Jesus: "Ajuda-me, não me deixes sozinha". Finalmente bati à porta de nosso convento. Quando a madre superiora, a atual madre-geral Michaela, ordenou-me, depois de uma breve conversa, que eu fosse ao Senhor da casa perguntar a ele se me receberia, compreendi logo que era a Jesus a quem eu deveria perguntar. Fui com muita alegria à capela e perguntei a Jesus: "Senhor desta casa, tu me acolhes?". Assim me havia dito uma das irmãs do lugar para formular a pergunta. Logo ouvi uma voz dizer-me: "Recebo-te; estás no meu coração". Quando voltei da capela, a madre superiora perguntou-me primeiro: "Então, recebeu-te o Senhor?". Respondi afirmativamente.

"Se o Senhor te recebeu, também eu te recebo". E esta foi a minha admissão.

Contudo, por muitas razões eu tinha de permanecer ainda mais um ano na vida secular, junto da piedosa senhora, mas para casa não mais voltei.

As relações com os pais, na verdade, estavam tensas na ocasião, por causa de sua escolha, que não era compartilhada por eles. Irmã Faustina nunca revelou as razões daquele adiamento. Quem falou sobre isso, 26 anos depois, foi madre Michaela Moraczewska, superiora-geral:

> Em uma manhã de primavera de 1924, quando eu era superiora na Rua Zytnia (traduzindo: Rua do Centeio), chamaram-me à portaria para ver uma jovem candidata. Desci do locutório e entreabri a porta. A jovem estava sentada de um modo que não podia ver-me. Não tive boa impressão, pois seu aspecto era descuidado. Fechei então a porta, dizendo-me: "Não é para nós"; estava para chamar uma irmã, para que a mandasse embora, mas pensei que era mais caridoso fazer-lhe algumas perguntas e depois mandá-la embora. Entrei no locutório e iniciei uma breve conversa. Só então me dei conta de que, vista de perto, ganhava muito: tinha traços simpáticos, um sorriso agradável, muita simplicidade, franqueza e bom senso. Então mudei de idéia e me perguntei se não era melhor acolhê-la. O maior obstáculo era a sua extrema pobreza. Não só não tinha dote (a Santa Sé o dispensa facilmente), como também não possuía enxoval, e nós não tínhamos fundos para providenciá-lo. Aconselhei-a então a ir trabalhar em algum lugar e conseguir algumas centenas de *zlotys*\* para o seu enxoval. Ela aceitou com prazer e combinamos que ela depositaria as suas economias na portaria do convento. Depois disso, esqueci-me dela e de todo o trato. Que surpresa tive quando, alguns meses depois, me escreveram em

---

\* Moeda polonesa. (N.R.)

> Wilno, onde eu me encontrava, que uma jovem havia deixado sessenta *zlotys* como depósito, referindo-se a uma ordem que eu lhe havia dado! Somente depois de um momento de reflexão lembrei-me do encontro. A partir daquela data, o depósito aumentou a cada mês até que, depois de cerca de um ano, havia algumas centenas de *zlotys*, suficientes para um modesto enxoval de irmã conversa.[3]

Madre Michaela não cita a visita ao Senhor da casa e a resposta referida por irmã Faustina, o que faz supor que não lhe tenha dado grande importância. Talvez tivesse sido apenas um simples pretexto para ganhar um pouco de tempo e avaliar a questão em seus aspectos favoráveis e desfavoráveis.

Helena foi, portanto, convidada a continuar o seu trabalho e a adiar o seu ingresso no convento. Mas naquela época se empenhou para economizar o que precisava para o seu enxoval. A dona da casa, contente com aquela perspectiva, começou a arquitetar para a sua protegida projetos de casamento, como lembra irmã Faustina em seu *Diário*:

> Durante aquele período, tive de lutar contra muitas dificuldades, mas Deus não me economizava a sua graça; uma saudade de Deus sempre maior começou a tomar conta de mim; a pessoa com quem eu convivia, mesmo sendo muito piedosa, não compreendia o valor da vida religiosa e, em sua bondade, começou a expor para mim outros planos de vida; eu sentia, contudo, que tinha um coração muito grande, a ponto de não poder ser preenchido por nada a não ser por Deus. Por isso, dirigi-me a ele com a alma cheia de saudade, durante a oitava de *Corpus Domini*. Deus encheu a minha alma de luz interior, por meio da qual adquiri um profundo conhecimento dele, que é sumo Bem e suma Beleza; soube o quanto Deus me amava, o seu amor eterno

---

[3] SIEPAK, M. Elisabetta. *Beata suor Faustina*. Città del Vaticano, Libreria Editrice Vaticana, 1993. pp. 13-14.

por mim. Aconteceu que, durante as vésperas, fiz a Deus, com palavras simples que vinham do coração, o voto de perpétua castidade; a partir daquele momento, senti maior familiaridade com Deus, meu esposo. A partir daquele instante, estabeleci em meu coração uma pequena cela, onde me entretinha sempre com Jesus. Finalmente chegou o momento no qual se abriu para mim a porta do convento: era 1º de agosto, à noite, dia da vigília de Nossa Senhora dos Anjos. Sentia-me imensamente feliz, parecia-me ter entrado em um paraíso (pp. 6-9).

Aquela felicidade, entretanto, não estava destinada a durar muito.

## "Foi aqui que eu te chamei"

Como a própria irmã Faustina escreveu em seu *Diário*, na noite de 1º de agosto, vigília da festa de Nossa Senhora dos Anjos, atravessou a soleira da casa de Varsóvia da Congregação das Irmãs da Bem-Aventurada Virgem Maria da Misericórdia. Era 1925; no dia 25 daquele mesmo mês completaria vinte anos.

A Congregação de Nossa Senhora da Misericórdia é de origem francesa. A sua fundadora, madre Teresa Rondeau (1793-1866), a instituiu "para ajudar, com meios apropriados, as mulheres e as moças que se perderam na vida a voltarem para o caminho da virtude e a fazerem penitência, e também para educar moças que tenham necessidade de uma particular proteção para evitar os perigos deste mundo" (art. 2 das *Constituições*).

A divisão polonesa, fundada em 1862, separou-se da casa-mãe depois da Primeira Guerra Mundial. As suas constituições foram definitivamente aprovadas pela Santa Sé, em 1935, ano no qual a congregação contava, na Polônia, com 15 casas e 265 religiosas, divididas em dois "coros": as irmãs diretoras e as irmãs coadjutoras, "que não têm voz nem ativa nem passiva e têm de ajudar as primeiras 'a cumprir o objetivo da congregação encarregando-se dos trabalhos da casa'".[4]

Em todo convento, podem-se distinguir três classes: as diretoras, as coadjutoras e as "pensionistas", que compreendem tanto as "penitentes" quanto as moças expostas aos perigos do mundo. Estas últimas totalmente separadas dos outros dois grupos, os quais se distinguem pelas funções que desenvolvem no interior da comunidade e pelo hábito religioso que vestem.

A congregação na Polônia, por causa da atividade apostólica desenvolvida, era chamada pelo notável nome de Magdalenki, nome que evoca a primeira arrependida da história da Igreja, santa Maria Madalena.

Irmã Faustina, pelas razões já citadas, fazia parte do segundo coro. Como irmã coadjutora, foi destinada aos trabalhos pesados da casa. Naquele tempo, poder dispor de um dote, pertencer a uma classe social mais alta que outra, possuir um diploma eram fatores que decidiam o grau na vida religiosa. Totalmente privada desses privilégios, a jovem Helena Kowalska não podia aspirar ao grau de irmã diretora. Ela, em sua inocência e ignorância, havia feito uma idéia bem diferente da vida religiosa.

Personalidade reflexiva e essencialmente contemplativa, era sedenta de silêncio e de oração; não temia o trabalho braçal, e sim os condicionamentos que poderiam vir do mundo que ultrapassava as portas do convento. As irmãs coadjutoras não eram vinculadas a uma disciplina rigorosa, diferentemente das companheiras do primeiro coro, e isso também porque a vida ativa deixava a elas pouco tempo para as práticas de piedade.

---

4   Cf. WINOWSKA, Maria. *L'icona dell'Amore misericordioso*. Il messaggio di suor Faustina Kowalska. Cinisello Balsamo (MI), San Paolo, 2000. pp. 34-35.

Helena Kowalska foi, portanto, aceita como irmã do segundo coro, isto é, entre as irmãs coadjutoras. Passou os primeiros meses da vida religiosa em Varsóvia, período chamado "postulado", e lhe foi confiada a tarefa de ajudar na cozinha; a jovem recebia a todo momento ordens da cozinheira-chefe: "Pegue verduras na horta; descasque as batatas; prepare os condimentos; arrume a mesa; lave as panelas; rápido, não perca tempo [...]". De manhã à tarde, essa repetição lhe ressoava nos ouvidos, e o tempo para a meditação e para a oração era quase nulo.

Bastaram três semanas desse "pesado" e repetitivo cotidiano para suscitar no ânimo sensível da jovem postulante um tal clima de desilusão e desencorajamento, que a levou a decidir mudar de congregação, fazendo-se talvez ser aceita em alguma instituição de vida contemplativa onde poderia satisfazer a sua necessidade de oração e de contemplação. Mas Jesus misericordioso pensava de maneira diferente; como a própria Helena anotou em seu *Diário*, bastou a visão dele sofredor para fazê-la mudar de parecer.

> Antes de ir repousar, fui à capelinha e pedi a Jesus para que me iluminasse sobre esse problema; mas não obtive nada em meu íntimo; apenas fui tomada por uma estranha inquietude que não consegui compreender [...]. Fiquei angustiada e insatisfeita naquela cela. Não sabia mais o que fazer. Joguei-me por terra e comecei a orar com fervor, para conhecer a vontade de Deus [...]. Depois de um tempo, em minha cela apareceu um clarão e vi sobre a tenda o rosto de Jesus muito magoado. Feridas vivas sobre todo o rosto e grossas lágrimas caíam sobre a coberta de meu leito. Não sabendo o que tudo aquilo poderia significar, perguntei a Jesus: "Jesus, quem te causou tal dor?". E Jesus respondeu: "Tu me causarás tal dor se saíres desta Ordem. Foi para cá que te chamei e não para outro lugar e preparei para ti muitas graças". Pedi perdão a Jesus e mudei naquele instante a decisão que havia tomado. No dia seguinte fizemos a nossa

confissão. Contei tudo aquilo que havia acontecido em minha alma, e o confessor me respondeu que estava evidente naquilo a vontade de Deus, que eu deveria permanecer naquela congregação e que não deveria nem mesmo pensar em outra. A partir daquele momento, senti-me sempre feliz e contente (p. 10).

O tempo do postulado, antes transcorrido na casa de Varsóvia, depois na de Skolimów, estava para ser concluído. No dia 23 de janeiro de 1926, Helena Kowalska foi transferida para o noviciado em Cracóvia, no bairro de Lagiewniki, onde está o convento das Irmãs da Bem-Aventurada Virgem Maria da Misericórdia.

Passados outros meses de postulado, Helena foi admitida no noviciado. Durante o ritual da vestição do hábito religioso, celebrado pelo bispo sufragâneo de Cracóvia, dom Stanislao Rospond, em 30 de abril de 1926, Helena recebeu o novo nome de Maria Faustina. "No momento da vestição", escreveu em seu *Diário*, "Deus me fez conhecer o quanto deveria sofrer [...]".

Os primeiros meses de noviciado transcorreram felizes e serenos, mas logo nuvens tempestuosas condensaram-se sobre seu espírito. Chegara a hora da grande prova, a assim chamada "noite escura", em que a alma é submersa nas trevas da dúvida e da ausência de Deus e é purificada no fogo dos sofrimentos inefáveis. Irmã Faustina descreveu tudo aquilo no primeiro caderno de seu *Diário*: "O quão seja tremendo este tormento da alma, só pode entendê-lo quem provou destes tormentos" (cf. pp. 13ss).

Acabados os dois anos de noviciado, irmã Faustina emitiu os votos temporâneos de castidade, pobreza e obediência. Era 30 de abril de 1928; na ocasião, estavam presentes os seus pais.

"Filha minha, o convento te aborrece?", perguntou-lhe o pai.

"Pai, como poderia aborrecer-me, se moro com Jesus sob o mesmo teto?", respondeu alegremente irmã Faustina.

Então Stanislao Kowalski dirigiu-se à esposa, Marianna, dizendo-lhe: "Mulher, é preciso deixá-la aqui. Não vê como é apaixonada por Jesus? Que viva em paz! É a vontade de Deus".

Por cinco anos irmã Faustina renovou os votos temporâneos de castidade, pobreza e obediência, até que em 1º de maio de 1933, na presença do mesmo bispo, dom Rospond, pronunciou os votos perpétuos, consagrando-se a Deus por toda a vida.

CAPÍTULO 3

# COMPONDO A TELA DA SANTIDADE

No curso dos 13 anos de vida religiosa, passados na Congregação das Irmãs da Bem-Aventurada Virgem Maria da Misericórdia, irmã Maria Faustina Kowalska passou algum tempo em diversas casas dessa instituição, especialmente nas de Varsóvia, Cracóvia, Plock e Vilnius.

Varsóvia, 1º de agosto de 1925 — Cracóvia, 5 de outubro de 1938: esse é o espaço de tempo no qual irmã Faustina viveu totalmente para Deus e para o "próximo", vizinhos ou distantes; os seus 13 anos de vida consagrada que foram também os 13 últimos anos de sua vida.

Irmã Faustina passou os seus primeiros seis meses de postulado em Varsóvia, aonde retornou e permaneceu por pouco menos de dois anos, de 31 de outubro de 1928 a junho de 1930. Voltou a Varsóvia ainda em novembro de 1932, para a terceira provação, que consistia em cinco meses de preparação antes da profissão dos votos perpétuos. Durante esse período de "provação", irmã Faustina trabalhou na loja de roupas do colégio das educandas.

O trabalho manual, entretanto, não foi obstáculo para a sua intensa união com Deus, que lhe pediu para oferecer-se como vítima a ele. Irmã Faustina escreveu em seu *Diário*:

> Durante a terceira provação, o Senhor me fez entender que deveria oferecer-me a ele como vítima. A princípio, assustei-me

sentindo-me infinitamente mísera e conhecendo bem a mim mesma. Respondi ao Senhor mais uma vez: "Sou a miséria em pessoa; como posso ser uma vítima?". Jesus respondeu-me: "Hoje não entendes isso. Amanhã farei com que entendas durante a adoração". Estas palavras ficaram gravadas profundamente na minha alma [...]. Durante a adoração, senti na alma que havia entrado no templo de Deus vivo, cuja majestade é grande e imensurável [...] mesmo que exteriormente não visse nada, a presença de Deus transpassou-me por inteiro. Naquele momento, a minha mente foi iluminada de maneira singular. Diante dos olhos de minha alma passou uma visão como aquela de Jesus no Jardim das Oliveiras. No começo, os sofrimentos físicos e todas as circunstâncias que os aumentavam; os sofrimentos morais em toda a sua extensão e aqueles que ninguém nunca saberá. Naquela visão estava tudo: suspeitas injustas, perda do próprio bom nome. Descrevo isso de modo muito sucinto, mas o conhecimento que tive foi tão claro, que aquilo que suportei em seguida não foi nem um pouco diferente daquilo que havia conhecido naquele momento. O meu nome deveria ser "vítima". Quando a visão terminou, senti um suor frio descer de minha fronte [...]. Naquele instante, compreendi que entrava em união com a majestade incompreensível. Senti que Deus esperava uma palavra minha; o meu espírito afundou em Deus e disse: "Faze de mim aquilo que te agrada: submeto-me à tua vontade. De hoje em diante a tua vontade é o meu alimento. Com a ajuda de tua graça, serei fiel aos teus pedidos. Faze de mim aquilo que te agrada. Suplico-te, Senhor, que estejas comigo em cada momento de minha vida [...]" (pp. 72-73).

Esse testemunho de irmã Faustina nos permite compreender o quanto ela já havia se doado nos oito anos (1925-1933) passados em sua congregação e o quanto ainda se ofertaria por amor de Deus e das almas a serem salvas. E, ainda, o quanto a sua vontade era semelhante à de Deus. Conformar a própria vontade à de Deus, em cada circunstância da vida, é autêntica santidade.

Nenhum sinal exterior deixava transparecer a extraordinária riqueza da vida mística de irmã Faustina. Observante das regras religiosas, amante do silêncio, da discrição e da oração, além de ser simples, cordial, sorridente, caridosa e disponível, desenvolvia com alegre diligência os humildes trabalhos que, de quando em quando, lhe eram confiados por suas superioras.

A sua vida, mesmo que aos olhos humanos parecesse ordinária, era iluminada e vivificada por uma profunda e contínua união com Deus:

> Ó vida cinzenta e monótona, quantos tesouros em ti! Nenhuma hora é igual à outra, por isso o cinzento e a monotonia desaparecem quando olho cada coisa com os olhos da fé. A graça doada generosamente a mim, nesta hora, não se repetirá na hora subseqüente. Ser-me-á dada também na hora seguinte, mas não será mais a mesma. O tempo passa e não volta. Aquilo que tem consigo, não mudará nunca: sela-o [Deus] com o selo para a eternidade (*Diário*, p. 33).

Os seus 13 anos de vida religiosa foram cheios de graças extraordinárias:

> [...] as revelações, as visões, os estigmas escondidos, a participação na Paixão do Senhor, o dom da ubiqüidade, o dom de ler nas almas humanas, o dom da profecia e o raro dom do noivado e do casamento místico. O contato vivo com Deus, com Nossa Senhora, com os anjos, com os santos, com as almas do purgatório, com todo o mundo sobrenatural foi para ela não menos real e concreto do que aquele dos sentidos.[5]

---

[5] DLUBAK, M. Nazaria & SIEPAK, M. Elisabetta. (coords.) *La spiritualità di santa Faustina. La via verso l'unione con Dio*. Città del Vaticano, Libreria Editrice Vaticana, 2001.

As graças extraordinárias concedidas por Deus à irmã Faustina, a sua vida mística, o contínuo contato com o Onipotente, com o mundo sobrenatural e com os seus ilustres habitantes, além das tentações, os tormentos do demônio, os contínuos sofrimentos físicos e morais, são muito parecidos e comparáveis aos do seu grande contemporâneo italiano, padre Pio de Pietrelcina (25 de maio de 1887 – 23 de setembro de 1968).

Outro grande contemporâneo polonês de irmã Faustina, Karol Wojtyla (papa João Paulo II), amou-os, estimou-os e os venerou, proclamando-os "santos": irmã Faustina, em 30 de abril de 2000; padre Pio, em 16 de junho de 2002.

O maior desejo de irmã Faustina era alcançar a santidade. A esse submetia todos os outros desejos, desfrutando cada circunstância útil, fosse alegre ou dolorosa, colocada no seu caminho pela misericórdia divina.

Tendia à perfeição, visando sobretudo a cumprir sempre a vontade de Deus, como escreveu no terceiro caderno de seu *Diário*: "[...] Os dons são apenas um ornamento da alma, mas não constituem a substância nem a perfeição. A minha santidade e perfeição consistem na estreita união da minha vontade com a vontade de Deus".

Ela, que durante os seus 13 anos de vida religiosa exerceu sempre as funções de cozinheira, jardineira, porteira e outros mil serviços, em um clima mais hostil que familiar, não escondeu o empenho cotidiano de sua alma em tender à perfeição:

> Ó meu Jesus, apesar de tuas graças, sinto e vejo toda a minha miséria. Começo e termino o dia lutando. Logo que supero uma dificuldade, em seu lugar surgem outras dez a serem superadas; mas não me aflijo por isso, pois sei bem que este é o tempo da luta, não da paz. Quando a aspereza da batalha supera as minhas forças, atiro-me como uma criança nos braços do Pai celeste, na certeza de que não perecerei [...]. Em meio às maiores

dificuldades e contrariedades, não perco a serenidade interior, nem o equilíbrio exterior, e isso desencoraja os adversários. A paciência nas contrariedades reforça a alma (p. 239).

## Varsóvia

Varsóvia, lugar em que irmã Faustina viveu por 32 meses, divididos entre o postulado, os votos temporâneos e a terceira provação em preparação aos votos perpétuos, é a esplêndida capital da Polônia.

A cidade estende-se sobre as margens do rio Vístula, na baixa planície de Masóvia, e ocupa uma superfície de 448 km$^2$. Como não foi conservado o documento de sua localização, não se sabe exatamente a idade de Varsóvia. Sabe-se, no entanto, por meio das Crônicas, que o castelo dos príncipes de Masóvia foi construído em Jazdow. Depois de 1281, os senhores de Masóvia transferiram-se para a alta escarpadura do Vístula, onde hoje se encontra o palácio real. Ao redor deste, desenvolveu-se a primeira vila, chamada hoje de "cidade velha". A ótima localização da cidade, no cruzamento de rotas comerciais de importância na Europa, favoreceu-lhe rapidamente o desenvolvimento.

Em 1596, o rei Sigismundo III Vasa elegeu Varsóvia como capital da Polônia. O período favorável durou até o século XVII, quando as incursões bélicas dos suecos, chamadas "dilúvio", e as sucessivas calamidades naturais destruíram e despovoaram Varsóvia, que teve um recomeço na segunda metade do século XVIII.

No período do Iluminismo, houve vigorosos desenvolvimentos, tanto na cultura quanto no comércio. Em 3 de maio de 1791, foi aprovada a Constituição, que deu as bases jurídicas para a ordenação estatal. Em 1795, depois do fracasso da insurreição coordenada por Tadeusz Kosciuszko, a Polônia desapareceu do mapa geográfico da Europa. Varsóvia encontrou-se, a princípio, na zona ocupada pela Prússia, para transformar-se depois na capital do grão-ducado de Varsóvia, criado por Napoleão Bonaparte, em 1807, e, em 1815, a capital do reino da Polônia, dependente da Rússia.

Em 1918, a Polônia reconquistou a independência e Varsóvia viveu novo período de prosperidade. Antes da Segunda Guerra Mundial (1939-1945), Varsóvia era um importante centro econômico-cultural e contava com uma população de um milhão e trezentos mil habitantes.

Ao amanhecer de 1º de setembro de 1939, caíram sobre Varsóvia as primeiras bombas da Luftwaffe, a Força Aérea alemã. Os cerca de setecentos mil mortos daquele trágico dia abriram o grande elenco dos habitantes da cidade que morreram nos outros quatro anos de ocupação nazista. Varsóvia foi a primeira capital européia a exercer resistência armada contra o invasor; por três semanas, de fato, defendeu-se heroicamente dos ataques do exército alemão.

Em 1943, eclodiu a Insurreição do Gueto. No ano seguinte, em 1º de agosto, toda a cidade levantou-se contra o ocupante. Durante os 63 dias da insurreição de Varsóvia, cerca de duzentas mil pessoas perderam a vida. No fim dos combates, os nazistas evacuaram o resto da população e arrasaram a cidade.

Em 1945, Varsóvia assemelhava-se a um vasto cemitério. Mas os seus habitantes retornaram e a fizeram ressurgir das cinzas. Hoje, a bela Varsóvia, rica em monumentos históricos e obras de arte de todo tipo, é o maior centro científico e cultural da nação polonesa, onde se encontra a Academia de Ciências, muitos institutos científicos e 18 instituições de educação superior, entre as quais a mais antiga é a Universidade e a mais freqüentada é o Instituto Politécnico.

## "Polônia, minha querida pátria"

> Polônia, minha querida pátria! Oh!, se soubesses quantos sacrifícios e quantas orações ofereço a Deus por ti! Presta bem atenção

e rende glória a Deus. Deus te levanta e te trata de maneira particular, mas precisas saber ser grata (*Diário*, p. 365).

Irmã Faustina tinha um amor particular por sua pátria — como se pode notar lendo atentamente o seu *Diário*. Muitas vezes Jesus lhe pediu para fazer novenas com a sua comunidade, para a salvação da Polônia. Em algumas visões, mostrou-lhe também aquilo que aconteceria à sua amada terra depois de sua morte.

Já em 1929, irmã Faustina viu o fogo do céu devorar uma das mais belas cidades da Polônia; essa visão, ela levou-a no coração até o fim de sua vida.

> Um dia Jesus me disse que faria descer o castigo sobre uma cidade, a mais bela de nossa pátria. O castigo deveria ser igual àquele infligido por Deus a Sodoma e Gomorra. Vi a grande cólera e senti um arrepio; afligiu-me o coração. Rezei em silêncio. No momento seguinte, Jesus me disse: "Minha menina, una-se estreitamente a mim durante o sacrifício e ofereça ao Pai Celeste o meu sangue e as minhas chagas para suplicar o perdão para os pecados daquela cidade. Repita isso sem interrupção durante toda a missa. Faça-o por sete dias". No sétimo dia, vi Jesus sobre uma nuvem clara e pus-me a rezar para que ele pousasse o seu olhar sobre a cidade e sobre todo o nosso país. Jesus lançou um olhar benigno. Quando notei sua benevolência, comecei a implorar-lhe a bênção. Rapidamente Jesus disse: "Por ti bendigo o país inteiro", e fez com a mão um grande sinal-da-cruz sobre a nossa pátria. Vendo a bondade do Senhor, a minha alma foi inundada por grande alegria (*Diário*, pp. 22-23).

Qual era a cidade à qual cabia um castigo tão terrível assim? Varsóvia ou Cracóvia? Ambas eram consideradas pelos poloneses as mais belas cidades da Polônia. E como Sodoma e Gomorra foram destruídas pelo fogo caído do céu (cf. Gn 19,24), assim algumas cidades da Polônia — sobretudo Varsóvia — foram destruídas pelas bombas devastadoras e incendiárias, durante a Segunda Guerra Mundial.

Considerando a benevolência de Jesus e a sua ampla bênção sobre toda a Polônia, por intercessão de irmã Faustina — como resultado da citada visão —, pode-se dizer que Cracóvia se salvou milagrosamente durante as batalhas da Segunda Guerra Mundial, tanto em 1939 quanto em 1945.

## Cracóvia, a antiga capital

Cracóvia, a belíssima cidade banhada pelo Vístula, que hospedou irmã Faustina Kowalska durante os dois anos de noviciado e nos últimos três anos de sua vida, surge onde o planalto da Pequena Polônia* e os montes Cárpatos se encontram, criando a assim chamada Porta de Cracóvia. Na antiga capital da Polônia, que possui muitos monumentos e obras de arte, a história se mistura com a contemporaneidade.

Remonta ao fim do século X a primeira notícia escrita sobre Cracóvia, devida a um mercador e viajante árabe que testemunhou como Cracóvia já era então uma grande cidade, conhecida em toda a Europa, atravessada pelas principais rotas comerciais da época.

Em 1040, o rei Casimiro, o Renovador, constituiu Cracóvia como a capital efetiva da Polônia. Sucessivamente, em 1241, a cidade foi destruída pelos tártaros; embora as conseqüências da invasão tártara tivessem custado muito, a cidade era um centro já bastante importante para superar o momento de crise e prover rapidamente a reconstrução radical, baseada no ato de locação de 5 de junho de 1257. Até hoje, a cidade velha de

---

\* Essa região — que corresponde a um estado — recebe o nome de Malopolska, cuja capital é Cracóvia. (N.R.)

Cracóvia conserva inalterado o sistema urbanístico colocado em prática então.

Na época de Casimiro III, o Grande, Cracóvia viveu o seu maior desenvolvimento, oriundo de uma intensa vida comercial, artesanal, artística e científica. Em 1364, esse rei fundou a Universidade de Cracóvia; mais tarde, o rei Jagelão** fundou a Universidade Jagelônica.

O período de máximo esplendor da cidade durou cerca de dois séculos, até a segunda metade de 1500, quando fatores políticos e ambientais — como um mau período econômico, a transferência da capital para Varsóvia em 1596, as calamidades naturais, os incêndios, as invasões, a guerra com os suecos, as partilhas da Polônia — causaram-lhe lenta e progressiva decadência, que culminou com o ato de anexação à Áustria, depois de sufocada a revolução de 1846. Cracóvia refloriu, por um breve período, no início do século XX.

No período de ocupação alemã, os nazistas fizeram de Cracóvia a capital do assim chamado *General gouvernement*.*** Em novembro de 1939, foram presos no campo de concentração de Sachsenhausen 164 docentes da Universidade Jagelônica. Na cidade, foram organizados dois campos de trabalho forçado: Liban e Plaszow; no bairro que surgiu na margem direita do rio, foi constituído o gueto para os judeus. As tropas soviéticas libertaram Cracóvia em 18 de janeiro de 1945. Depois da guerra, a cidade desenvolveu-se e, com o passar do tempo, tornou-se um dos principais centros científicos e culturais da Polônia.

A 36 km da bela Cracóvia encontra-se Wadowice, uma digna e trabalhadora cidadezinha industrial que, apesar das dificuldades do pós-guerra, por estar situada na Galícia, uma região rica em

---

** Também conhecido como Ladislau II. (N.R.)
*** Governo-geral. Em alemão. (N.R.)

minérios, indústrias e comércio, acreditou no próprio futuro. Em 1920, quando Karol Wojtyla nasceu, já havia reencontrado a sua "laboriosidade industrial" e redescoberto a vida cultural "que lhe permitiu gerar diversas mentes iluminadas".[6]

## Vendedora de pão em Plock

Irmã Faustina partiu de Varsóvia e chegou a Plock em junho de 1930, onde permaneceu até novembro de 1932, quando voltou a Varsóvia para a terceira provação, em preparação à profissão dos votos perpétuos.

Àquela casa pouco atraente, aonde as suas companheiras iam de má vontade, irmã Faustina foi enviada para quebrar um galho. Aliás, ela — quebra-galho de rara virtude — estava sempre disponível para qualquer eventualidade, contanto que esta portasse o selo da "vontade de Deus".

Plock, cidade de grande passado, somente por volta de 1931 começa a tomar consciência da liberdade reconquistada e abre as portas hospitaleiras a todo tipo de gente empreendedora. Não se furtam ao apelo aqueles que têm por escolha de vida o serviço ao Senhor; entre estes, as Irmãs de Nossa Senhora da Misericórdia, encarregadas de ajudar as moças em perigo, que certamente não faltavam em certas camadas mais baixas da sociedade.

Como irmã do "segundo coro" — vale dizer, como irmã "faz-tudo" —, logo que chegou a Plock, irmã Faustina foi "absorvida" e "esmagada" pela engrenagem dos trabalhos pesados: ora cozinheira, ora encarregada do forno, ora vendedora na padaria gerida pelas irmãs. Parece, no entanto, que esse cansativo trabalho prevalecia sobre os outros. Mas justamente em Plock, entre panelas quentes e belos pães morenos e loiros — como se

---

[6] Cf. MENEY, *Anche il Papa...*, cit., p. 17-18.

fala na Polônia —, o Senhor Jesus confiou-lhe a grande missão de "mensageira de sua misericórdia".

> 22 de fevereiro de 1931. À noite, quando eu estava em minha cela, vi o Senhor vestido com uma roupa branca: uma mão estava levantada para abençoar, enquanto a outra tocava o peito; sob a veste, ligeiramente afastada, da qual saíam dois grandes raios, um vermelho e outro branco. Muda, eu tinha os olhos fixos no Senhor; a minha alma estava presa não só pelo temor, mas também por grande alegria. Depois de um instante, Jesus me disse: "Pinta uma imagem segundo o modelo que vês, com o subscrito: 'Jesus, confio em ti!'. Desejo que essa imagem seja venerada primeiramente na capela e, depois, no mundo inteiro. Prometo que a alma que venerar essa imagem não perecerá. Prometo também que terá na terra, mas particularmente na hora da morte, a vitória sobre seus inimigos. Eu mesmo a defenderei como a minha própria glória".
>
> Quando contei isso ao confessor, recebi esta resposta: "Pinte a imagem divina em sua alma". Quando deixei o confessionário, ouvi novamente estas palavras: "A minha imagem já existe em tua alma. Desejo que seja para todos uma festa da misericórdia. Quero que a imagem, que pintarás com o pincel, seja solenemente benta no primeiro domingo depois da Páscoa, o qual deve ser o domingo da misericórdia. Desejo que os sacerdotes anunciem a minha grande misericórdia para as almas dos pecadores. O pecador não deve ter medo de aproximar-se de mim [...]" (*Diário*, pp. 26-27).

Depois de ter informado o confessor daquilo que havia acontecido na noite do dia 22 de fevereiro de 1931, irmã Faustina confiou à sua superiora a mensagem e os pedidos de Jesus. A superiora respondeu-lhe sabiamente que Jesus deveria dar-lhe algum sinal esclarecedor, que confirmasse ser verdadeiramente aquela a sua vontade.

Quando irmã Faustina pediu ao Senhor esse sinal esclarecedor, ele respondeu: "Far-me-ei conhecer às superioras por meio das graças que concederei mediante esta imagem" (idem, p. 27). E quando irmã Faustina quis libertar-se, na dúvida e no temor de que suas "inspirações interiores" não fossem autênticas, Deus fez-lhe compreender que os seus pedidos não eram secundários, que no dia do Juízo "lhe pediria contas de um grande número de almas" (idem).

Aflita e cansada das numerosas dificuldades encontradas, irmã Faustina decidiu pedir, em confissão, ao jesuíta Giuseppe Andrasz (1891-1963) que a "libertasse" daquelas "inspirações interiores" e da obrigação de pintar aquela imagem requisitada por Jesus. Mas o confessor lhe deu a seguinte resposta:

> Não a liberto de nada, irmã, e não lhe é permitido livrar-se dessas inspirações interiores, mas deve falar tudo ao confessor, da maneira mais absoluta; de outro modo estará fora do caminho, apesar dessas grandes graças do Senhor. Por enquanto, confesse-se comigo, mas saiba bem que deve ter um confessor fixo, isto é, um diretor espiritual.

Ainda mais aflita, irmã Faustina escreve: "Pensava poder me libertar de tudo, ao invés disso aconteceu exatamente o contrário: agora eu tinha ordem explícita para obedecer ao pedido de Jesus [...]" (*Diário*, p. 28).

Havia tempo irmã Faustina pedia a Jesus para conceder-lhe a graça de um diretor espiritual iluminado, que soubesse conduzi-la em seus caminhos e a ajudasse a cumprir sempre a sua vontade. O Senhor Jesus já lhe havia preparado: mais tarde o encontraria em Wilno, depois de ter pronunciado os votos perpétuos.

Em Plock, irmã Faustina sofreu por diversos motivos, especialmente por causa das incompreensões causadas pelos pedidos de Jesus e por causa das más-línguas que a definiam como "extravagante, histérica, visionária", a ponto de ela escrever em seu *Diário:* "A língua é um órgão pequeno, mas provoca grandes coisas [...]. Na língua existe a vida, mas também a morte. E às vezes com a língua matamos, cometemos verdadeiros homicídios; podemos ainda considerá-la algo pequeno? [...]" (p. 64).

## Wilno

Depois da profissão perpétua, irmã Faustina permaneceu ainda em Cracóvia por quase todo o mês de maio, já que o seu destino oscilava entre Rabka e Wilno. Um dia a madre-geral perguntou-lhe: "Como, irmã, você está assim tranqüila e não se prepara para ir a nenhum lugar?".

"Eu quero a pura vontade de Deus. Aonde a senhora me mandar, querida madre, sem interferências de minha parte, estou certa de que será para mim a pura vontade de Deus", respondeu irmã Faustina.

No dia seguinte, a madre chamou-a e disse-lhe: "Dado que queria a pura vontade de Deus, ei-la: irá para Wilno".

Irmã Faustina agradeceu à madre e esperou o dia da partida.

> Hoje, 27 de maio de 1933, parto para Wilno. Quando estava na frente da casa, voltei para olhar toda a horta e o edifício; quando direcionei o olhar para o noviciado, de súbito me vieram lágrimas aos olhos. Pensava em todos os benefícios e nas graças que o Senhor me havia concedido. De repente, inesperadamente, perto de um canteiro, vi o Senhor, que me disse: "Não chore; estarei sempre contigo". A presença de Deus, que senti enquanto o Senhor Jesus falava, durou todo o tempo da viagem.
>
> Tinha permissão para parar em Czestochowa. Pela primeira vez vi Nossa Senhora quando fui, às cinco horas da manhã, assistir à exposição da imagem. Permaneci lá, rezando sem interrupção, até às 11, e parecia ter acabado de chegar. A superiora do lugar

mandou uma irmã procurar-me para que fosse tomar café, porque estava preocupada que eu chegasse atrasada para pegar o trem. A mãe de Deus me disse muitas coisas. Confiei nela e nos meus votos perpétuos. Parecia-me ser sua filha e que ela era minha mãe. Não me negou nada do que lhe pedi.

Czestochowa é a cidade perto da qual se encontra, desde 1382, o celebérrimo santuário nacional de Jasna Góra, no qual se venera Nossa Senhora Negra. É o "coração pulsante" da Polônia católica e meta de numerosíssimos peregrinos provenientes de toda parte do mundo.

A religiosidade e o sentimento patriótico são os dois elementos que se cruzam indissoluvelmente em toda a história da Polônia. A dedicação a Nossa Senhora Negra de Czestochowa e o amor pela pátria são os motes principais da cultura polonesa de todos os tempos.

O papel do santuário de Jasna Góra é central na história civil e religiosa da Polônia, onde, em 9 de agosto de 1382, o príncipe Ladislau Opolczyk fundou uma igreja e um convento dos paulinos, ordem pertencente às congregações eremitas vinda da Hungria, onde era protegida pelo rei Luís, chamado na Polônia de "o Húngaro".

O desenvolvimento do culto mariano em Jasna Góra e sua posterior difusão estão ligados à doação feita aos paulinos, provavelmente em 1384, pelo príncipe Ladislau, de um quadro milagroso de Nossa Senhora com o Menino, pintado, segundo uma antiga tradição, por são Lucas sobre o tampo de madeira da mesa da Sagrada Família, em Nazaré. Com o passar do tempo, a imagem encontrar-se-ia em Constantinopla e, por fim, chegaria às mãos do príncipe Belz, na Rutênia.

Estudos recentes têm demonstrado que a imagem remonta provavelmente a pouco antes de 1384 e foi feita na Itália, no âmbito da escola artística do célebre pintor Simone Martini. Em

1430, o quadro, que já gozava de algumas formas de culto, foi profanado por um grupo de bandidos. Segundo testemunhos posteriores, os mônacos levaram o quadro para Cracóvia, onde o rei Ladislau II ou Jagelão o restaurou ou executou uma nova pintura sobre o fundo antigo. Naquele período, a imagem foi ornada com quatro lâminas de prata douradas, colocadas na parte superior do quadro, nas quais são reproduzidas com a técnica de entalhamento algumas cenas do evangelho: a anunciação, o nascimento, o flagelo e o escárnio.

Na segunda metade do século XVII, foram ampliados a igreja e o convento. A igreja gótica, com três naves, a capela na qual se encontra o quadro milagroso e o convento foram transformados, desde as bases, em um grande complexo de edifícios pela rica decoração escultural e pictórica. O quadro, que já no século XV foi adornado de ouro e jóias, no início do século XVIII foi renovado pelo frade paulino Makary Sztyftowski, pintor, ourives e recamador.

Na basílica, o altar-mor, executado no estilo barroco tardio, é obra da oficina de Wroclaw dos anos 1725-1728, sob o projeto de Giacomo Antonio Buzzini. Das capelas adjacentes à igreja, naturalmente a mais importante é aquela em que está exposto o quadro de Nossa Senhora, onde se deve notar a rica decoração da fachada e das paredes da parte anexa à capela no século XVII. Sobre um dos altares da capela de Nossa Senhora, encontra-se um precioso crucifixo em estilo gótico tardio, do fim do século XV.

A importância do santuário mariano de Jasna Góra aumentava continuamente. A partir do século XVI, como indicam as doações em ouro, atingia também rei e nobres, além do povo. Uma particular animação do culto de Nossa Senhora de Czestochowa se fez depois da Segunda Guerra Mundial, por mérito do cardeal Stefan Wyszynski, primaz da Polônia, falecido em 1981.

Atualmente, múltiplas são as funções da igreja e do convento dos paulinos em Jasna Góra. Antes de tudo, o santuário é meta de numerosas peregrinações que provêm de toda a Polônia e do exterior; peregrino excepcional era o papa polonês João Paulo II.

## Capítulo 4

# JARDINEIRA EM WILNO

Cracóvia – Czestochowa – Wilno. Naquela época, Wilno era uma cidade polonesa. Hoje é a capital da Lituânia e se chama Vilnius.

Provavelmente irmã Faustina ali chegou em 28 de maio de 1933. Naquele dia, escreveu em seu *Diário*:

> Hoje estou em Wilno. O convento é constituído por casinhas esparsas aqui e lá. Isso me causa uma sensação um pouco estranha, depois dos grandes edifícios de Józefów.[7] Há apenas 18 irmãs. A casinha é pequena, mas a harmonia nesta comunidade é uma grande coisa. Todas as irmãs me acolheram muito cordialmente; isso me trouxe grande encorajamento para enfrentar os cansaços que me esperavam. Irmã Giustina tinha até passado pano no chão para a minha chegada. Quando fui à bênção, Jesus me iluminou sobre o modo como me comportar com certas pessoas. Agarrei-me com todas as forças ao Coração dulcíssimo de Jesus, ao perceber que seria exposta a distrações externas, por conseqüência da tarefa que deveria desenvolver na horta e pela qual deveria estabelecer relações com pessoas de fora (pp. 121-122).

---

[7] Trata-se dos "grandes edifícios" do convento Józefów das Irmãs da Bem-Aventurada Virgem Maria da Misericórdia, que se encontra em Cracóvia-Lagiewniki, no qual a irmã Faustina viveu anteriormente.

Irmã Giustina Golofit (1908-1989), da qual se encontra referência explícita no *Diário*, ingressou na Congregação das Irmãs da Bem-Aventurada Virgem Maria da Misericórdia em 1927, dois anos depois de irmã Faustina. Foi não só sua amiga desde o noviciado, mas também testemunha no processo informativo pela sua beatificação.

Em Wilno, irmã Giustina trabalhava na cozinha, enquanto irmã Faustina cuidava da horta e do jardim. Esta certamente falou a irmã Giustina da alegria provada ao orar diante de Nossa Senhora de Jasna Góra e das graças por ela recebidas. Falou também ao padre jesuíta Giuseppe Andrasz, na carta que lhe escreveu logo que chegou a Wilno. Assim, mediante esse padre, que foi também seu confessor, sabemos que, durante aquela longa pausa de oração, Nossa Senhora lhe disse: "Não tenhas medo de nada, minha fiel filha. Fala corajosamente da misericórdia de Deus para as pessoas, a fim de que as almas adquiram confiança nele. A misericórdia é o maior ornamento do Trono divino" (*Diário*, p. 121).

Wilno, a capital do santuário de Nossa Senhora (Nossa Senhora é a Mãe da Misericórdia) de Ostra Brama, teve a honra de hospedar, por cerca de três anos, a "mensageira" da misericórdia de Deus, a única testemunha das aparições, das visões e dos colóquios interiores nos quais Jesus lhe manifestava o seu projeto de salvação para os pecadores e para a humanidade.

A cidade de Wilno está situada à margem do rio Wilia. Na margem oposta do rio, sobre as colinas cobertas por bosques, existiam as estações da *via-sacra*, chamadas "o Calvário". O lugar era denominado pelas pessoas de "Kalwaria". Quando se ia àquele lugar fazer a *via-sacra*, dizia-se: "Vamos fazer o passeio dos pequenos atalhos". Da casa das Irmãs da Bem-Aventurada Virgem Maria da Misericórdia podia-se chegar a Kalwaria de barco.

A propósito, escreveu irmã Faustina em seu *Diário*:

> 1928. O passeio para Kalwaria. Vim para Wilno por dois meses para substituir uma irmã que havia ido para a terceira provação, mas fiquei um pouco mais de dois meses. Um dia, a madre superiora, querendo fazer-me uma cortesia, deu-me permissão para ir a Kalwaria, em companhia de outra irmã, para fazer o assim chamado "passeio dos pequenos atalhos". Fui muito contente. Iríamos de barco, embora fosse bem perto; mas assim queria a madre superiora [...]. À noite, Jesus me disse: "Desejo que fiques em casa [...]. Esse passeio causará danos à tua alma". Respondi a Jesus: "Tu podes sempre dar um jeito. Dispõe as circunstâncias de modo que seja feita a tua vontade". Pela manhã, deveríamos receber a tempo a santa comunhão e partir logo depois do agradecimento. De repente, durante a santa comunhão, o dia, que estava lindo, mudou completamente. As nuvens, vindas não se sabe de onde, cobriram todo o céu e caiu uma chuva torrencial. Estavam todos surpresos [...]. A madre superiora disse: "Muito me desagrada o fato de não poderem partir!". Respondi: "Querida madre, não faz mal que não possamos ir: Deus quer que fiquemos em casa [...]" (p. 34).

Isso, porém, só irmã Faustina sabia; ela passou o dia rezando, meditando e agradecendo ao Senhor, que naquele dia a encheu de consolações celestes.

Ainda em Wilno, por volta das 18 horas do dia 26 de outubro de 1934, irmã Faustina viu Jesus com o mesmo aspecto que tinha durante a visão em Plock, isto é, com os dois raios, um branco e outro vermelho, que saíam do seu coração. Esses raios ultrapassavam a capela da comunidade, a enfermaria das educandas, a cidade inteira e sucessivamente expandiam-se por todo o mundo.

Antes de chegar a Wilno, irmã Faustina teve a visão, por duas vezes, do futuro diretor de sua alma. A primeira ocorreu em Varsóvia, durante a terceira provação; a segunda, em Cracóvia.

Depois da segunda visão, escreveu em seu *Diário:* "Padre Sopocko deve ser muito amado pelo Senhor. Digo-o porque tive meios de constatar o quanto o Senhor se preocupa com ele em certos momentos. Ao notar isso, fiquei muito feliz de saber que o Senhor tem eleitos dessa natureza".

O reverendo e professor Michele Sopocko, nascido em Nowosady, em 1º de novembro de 1888, foi ordenado sacerdote em Wilno, em 15 de junho de 1914. Com vários títulos de doutorado, dedicava-se ao magistério e a atividades pastorais. Foi diretor da igreja de são Miguel, em Wilno, e confessor na Congregação das Irmãs da Bem-Aventurada Virgem Maria da Misericórdia. Ademais, publicou muitos livros sobre a Divina Misericórdia. Morreu em conceito de santidade, em Bialystok, em 15 de fevereiro de 1975 — dia de são Faustino e do onomástico de irmã Faustina. Nesse mesmo dia, celebra-se a festa de são Cláudio de la Colombière, sj, diretor espiritual de santa Margarida Maria Alacoque, a mensageira do Sagrado Coração de Jesus, como santa Faustina Kowalska é a mensageira da misericórdia de Deus.

Grande foi a surpresa de irmã Faustina quando, ao chegar o dia da confissão, viu no confessionário "aquele sacerdote", mais precisamente padre Sopocko, que já sabia das visões que ela havia tido em Varsóvia e em Cracóvia, acompanhadas das palavras de Jesus: "Eis o meu servo fiel. Ele te ajudará a cumprir a minha vontade aqui na terra".

Irmã Faustina foi prudente. Temendo ser vítima de alucinações ou de enganos satânicos, no começo não abriu a sua alma ao novo confessor, o qual ela havia esperado tanto e que o próprio Jesus lhe havia indicado. Isso provocou grande inquietude em sua alma, e Deus a reprovou energicamente. Mas "[...] quando revelei toda a minha alma àquele sacerdote, Jesus dirigiu a ela um mar de graças. Agora compreendo o que seja a fidelidade a uma única graça e como esta atrai uma série de outras graças" (*Diário*, p. 122).

Inicialmente, padre Sopocko suspeitou que irmã Faustina fosse apenas vítima de ilusões e imaginações. Interpelou irmã Irene Kryzanowska, superiora da casa, perguntando-lhe quem era irmã Faustina e como era considerada pelas companheiras e superioras da congregação, mas não se contentou com o seu parecer positivo. Mandou, então, que irmã Faustina fosse a uma psiquiatra, a doutora Maria Maciejewska, a qual afirmou não ter encontrado em irmã Faustina fenômenos neuropatológicos nem anomalias psíquicas.

Tranqüilizado por essa declaração abalizada, padre Sopocko assumiu a responsabilidade de guiar a alma de irmã Faustina nos caminhos do Senhor; como primeira determinação, recomendou-lhe exercitar-se na virtude da humildade:

> [...] sem humildade não podemos agradar a Deus. Exercita-te no terceiro grau da humildade, isto é, não só não recorras a explicações e justificações quando te reprovam algo, como também te alegra com a humilhação.
>
> Se as coisas das quais me falas provêm realmente de Deus, prepara a tua alma para grandes sofrimentos. Encontrarás desaprovações e perseguições; considerar-te-ão histérica e excêntrica; mas Deus não economizará contigo a sua graça. As verdadeiras obras de Deus encontram sempre dificuldade e são marcadas pelo sofrimento. Se Deus quer realizar algo, antes ou depois o faz, apesar das dificuldades e dos obstáculos; tu, entretanto, arma-te de muita paciência (idem, pp. 124-125).

Logo depois, padre Sopocko foi para a Terra Santa por algumas semanas. O jesuíta Casimiro Dabrowski o substituiu e soube ver com clareza as maravilhas operadas por Deus na alma de irmã Faustina.

Em janeiro de 1934, irmã Faustina dirigiu-se pela primeira vez ao pintor Eugenio Kazimirowski, encarregado por padre

Sopocko de pintar a imagem de Jesus misericordioso com a frase: "Jesus, confio em ti!". O pintor trabalhava de acordo com as indicações de irmã Faustina que semanalmente ia ao seu encontro.

Quando o pintor lhe entregou o quadro, irmã Faustina ficou desiludida, pois Jesus não estava tão belo quanto o tinha visto. Ao chegar em casa, "[...] fui logo à capela e me desfiz em lágrimas. Disse ao Senhor: 'Quem pode pintar-te belo como és?' De repente, ouvi estas palavras: 'A grandeza desta imagem não está na beleza das cores nem no pincel, mas na minha graça'" (idem, p. 136).

Ainda em 1934, padre Michele Sopocko ordenou a irmã Faustina que perguntasse a Jesus qual o significado dos dois raios que saíam de seu peito ferido. Muito obediente, irmã Faustina cumpriu a ordem quando foi à capela para orar:

> Enquanto rezava, ouvi interiormente estas palavras: "Os dois raios representam o sangue e a água. O raio branco representa a água, que torna justas as almas; o raio vermelho representa o sangue, que é a vida das almas [...]. Ambos os raios saíram do íntimo de minha misericórdia, quando, na cruz, o meu coração agonizante foi lacerado pela lança. Tais raios defendem as almas da indignação de meu Pai. Bendito aquele que viver sob a sua proteção, pois não o golpeará a justa mão de Deus. Quero que o primeiro domingo depois da Páscoa seja a festa da Divina Misericórdia. Pede a meu servo fiel (isto é, padre Sopocko) que, nesse dia, fale ao mundo inteiro sobre minha grande misericórdia: nesse dia, quem se aproximar da fonte da vida, conseguirá a remissão total das culpas e das penas. A humanidade não encontrará paz enquanto não se voltar com confiança para a minha misericórdia [...]. O meu coração se alegra com o título de misericórdia. Anuncia que a misericórdia é o maior atributo de Deus. Todas as obras de minhas mãos são coroadas pela misericórdia" (*Diário*, pp. 132-133).

Padre Michele Sopocko perguntou a irmã Faustina onde deveria ser colocada a frase determinada por Jesus, que lhe recordou aquilo que havia dito na primeira vez, isto é, que as três palavras *"Jezu, ufam tobie!"*, "Jesus, confio em ti!", deveriam ser postas em evidência, e continuou: "Apresento às pessoas o recipiente com o qual devem vir buscar as graças na fonte da misericórdia. O recipiente é esta imagem com a frase: "Jesus, confio em ti!". Sempre a respeito dessa imagem, uma vez Jesus disse à irmã Faustina: "O meu olhar nesta imagem é tal e qual o meu olhar na cruz" (cf. idem, pp. 140-141).

Em 29 de março de 1934, uma Quinta-Feira Santa, Jesus pediu à irmã Faustina, durante a missa, que se oferecesse como "vítima" pelos pecadores, especialmente por aquelas almas que tinham perdido a confiança em sua misericórdia. Naquele mesmo dia, ela fez o seguinte ato de oferta:

> Deus e as almas — Ato de oferta: diante do céu e da terra, diante de todos os coros de anjos, diante da santíssima Virgem Maria, diante de todos os poderes celestiais, declaro a Deus, Uno e Trino, que hoje, em união com Jesus Cristo, redentor das almas, faço voluntariamente a oferta de mim mesma pela conversão dos pecadores e especialmente pelas almas que perderam a esperança na misericórdia divina. Tal oferta consiste nisto: tomo, com total submissão à vontade de Deus, todos os sofrimentos e os medos pelos quais são atormentados os pecadores; em troca, cedo a eles as consolações que tenho na alma, que provêm da relação íntima com Deus. Em uma palavra, ofereço tudo a eles: as santas missas, as santas comunhões, as penitências, as mortificações, as orações. Não temo os golpes: os golpes da justiça de Deus, pois estou unida a Jesus. Ó meu Deus, desejo de tal modo compensar-te pelas almas que não têm confiança em tua bondade! Confio, diante de toda esperança, no oceano de tua misericórdia. Ó Senhor e Deus meu, minha porção na eternidade, não formulo este ato de oferta basean-

do-me em minhas forças, mas no poder que deriva dos méritos de Jesus Cristo. Repetirei todos os dias este ato de oferta, com a seguinte oração, que tu mesmo me ensinaste, ó Jesus: "Ó sangue e água, que brotam do coração de Jesus como fonte de misericórdia para nós, confio em vós". Irmã M. Faustina do Santíssimo Sacramento, Quinta-Feira Santa, durante a missa, dia 29, ano de 1934" (idem, p. 135).

Em 12 de agosto de 1934, irmã Faustina ficou doente. A superiora chamou a médica da casa de Wilno, Elena Maciejewska, e o reverendo, padre Sopocko, que lhe administrou a unção dos enfermos. Na segunda-feira, dia 13, a enferma melhorou. No dia 15, festa da assunção de Nossa Senhora ao céu, irmã Faustina não participou da santa missa porque a médica não lho permitiu, mas orou fervorosamente em sua cela. Durante a oração, apareceu-lhe Nossa Senhora "extraordinariamente bela", que lhe disse:

> Filha minha, quero de ti oração, oração e mais uma vez oração para o mundo e especialmente por tua pátria. Faze a comunhão reparadora por nove dias, une-te estreitamente ao sacrifício da santa missa. Durante esses nove dias, estarás diante de Deus como vítima, em toda parte, continuamente em todo lugar e em todo momento, dia e noite; toda vez que acordares, reza interiormente. Orar continuamente em teu íntimo é possível (*Diário*, p. 140).

Um dia, o diretor espiritual de irmã Faustina pediu-lhe para que rezasse segundo uma intenção sua. Ela fez uma novena a Nossa Senhora, recitando por nove vezes consecutivas a salve-rainha. No fim da novena, viu nossa Senhora com o Menino Jesus nos braços e também padre Sopocko ajoelhado a seus pés, falando-lhe. Ouviu algumas palavras desse diálogo: "Eu sou não apenas a Rainha do Céu, mas também a Mãe da Misericórdia e tua Mãe". Depois estendeu a mão direita, com a qual segurava o seu manto, e com ele cobriu padre Sopocko. Nesse ponto a visão desapareceu (cf. idem, pp. 141ss).

Numa quinta-feira, enquanto irmã Faustina estava em adoração na capela, diante da hóstia santa, percebeu em seu íntimo uma voz que lhe dizia: "Medita os mistérios da encarnação". Depois disso, apareceu-lhe o Menino Jesus esplendente em beleza, que lhe disse: "Embora a minha grandeza seja inconcebível, tenho intimidade apenas com os pequenos. Quero de ti a infância do espírito" (idem, p. 143).

Durante a sua estada em Wilno, irmã Faustina recebeu ordem de seu confessor, padre Michele Sopocko, para que escrevesse aquilo que acontecia em sua vida interior. Assim nasceu o *Diário*, hoje um *best-seller*, conhecido em todo o mundo e traduzido em várias línguas, que nos revelou a profundidade da vida mística de irmã Faustina que, durante muito tempo, só era percebida por seus confessores e, em parte, por suas superioras.

Irmã Faustina começou o seu *Diário* anotando:

> Wilno, 28.7.1934 — Primeiro fascículo — Deus e as almas: Sê adorada, ó santíssima Trindade, agora e para sempre. Sê adorada em todas as tuas obras e em todas as tuas criaturas. Admirada e exaltada a grandeza de tua misericórdia, ó Deus.
>
> Devo tomar nota dos encontros de minha alma contigo, ó Deus, nos momentos particulares das tuas visitas. Devo escrever sobre ti, ó Incompreensível na misericórdia diante de minha pobre alma. Recebi essa ordem daquele que é o teu substituto, ó Deus, aqui na terra e que me ensina a tua santa vontade. Vê, Jesus, como é difícil, para mim, escrever e que não sei descrever claramente aquilo que provo profundamente na alma. Ó Deus, será possível a caneta descrever as coisas para as quais não existem nem mesmo palavras? Mas, ó Deus, ele me ordenou que escrevesse; isso me basta (idem, p. 5).

Na mesma página do *Diário* lê-se que, quando lhe foi perguntado pela congregação por que havia escrito o *Diário*,

> [...] o seu confessor, padre Michele Sopocko, respondeu: "Então eu era professor em um seminário e na faculdade de teologia na Universidade Stefano Batory, de Wilno. Como não tinha tempo para escutar as longas confidências no confessionário, recomendei que as escrevesse em um caderno e que me mostrasse de quando em quando. Daí surgiu o *Diário* [...]".

Irmã Faustina considerava a ordem recebida do confessor como uma ordem do Senhor. Poderia, entretanto, também se referir a ele, já que tantas vezes o próprio Jesus lhe havia ordenado que escrevesse, como percebemos em muitas páginas de seu *Diário*; veja-se, por exemplo, o que é reportado no sexto caderno, o último escrito por ela:

> Hoje, quando fui ao jardim, o Senhor me disse: "Volta à tua cela, que estarei te esperando". Quando voltei à cela, vi logo que Jesus estava sentado ao lado de uma mesinha e me esperava. Olhando-me amorosamente, ele me disse: "Filha minha, desejo que tu escrevas agora, já que aquele passeio não seria de minha vontade". Permaneci sozinha e me pus logo a escrever. Quando comecei a rezar e me uni mentalmente a todas as missas que naquele momento eram celebradas no mundo inteiro, supliquei a Deus, em nome de todas aquelas missas, que concedesse misericórdia ao mundo e especialmente aos pobres pecadores que naquele momento se encontravam em agonia. No mesmo instante, recebi interiormente a resposta de Deus de que mil almas haviam obtido a graça após a oração que eu havia dirigido a ele. Nós não sabemos o número de almas que devemos salvar com as nossas orações e com os nossos sacrifícios, por isso é bom que oremos sempre pelos pecadores.
>
> Hoje, em um longo colóquio, o Senhor me disse: "Quanto desejo a salvação das almas! Minha queridíssima secretária, escreve

que desejo derramar a minha vida divina nas almas humanas e santificá-las, para que elas queiram acolher a minha graça. Os maiores pecadores poderiam alcançar uma grande santidade, se ao menos tivessem confiança em minha misericórdia. As minhas vísceras são ápices de misericórdia, que se difunde em tudo aquilo que criei. A minha delícia consiste em agir na alma das pessoas, enchê-las com a minha misericórdia e justificá-las. O meu reino na terra é a minha vida na alma das pessoas. Escreve, minha secretária, que o diretor das almas sou eu mesmo, diretamente, enquanto indiretamente as guio por meio dos sacerdotes e conduzo cada uma à santidade por uma estrada percebida somente por mim" (*Diário*, p. 586).

Em 15 de fevereiro de 1935, irmã Faustina foi visitar a família, a pedido da mãe, que estava gravemente doente e queria vê-la antes de morrer. Passou dias serenos com os familiares, que lhe demonstraram muito afeto, e fez companhia a eles. A mãe melhorou e todos ficaram felizes.

Antes de retornar a Wilno:

[...] quando cumprimentei meus pais e lhes pedi que me abençoassem, senti o poder da graça de Deus que descia em minha alma. Meu pai, minha mãe e minha madrinha de batismo me deram a sua bênção chorando, me desejaram a máxima fidelidade à graça de Deus e me disseram para não esquecer nunca as muitas graças que Deus me havia concedido, chamando-me à vida religiosa. Pediram-me para rezar por eles [...] (*Diário*, p. 168).

Em 26 de abril de 1935, sexta-feira, irmã Faustina colaborou com os preparativos e com a decoração da imagem da Divina Misericórdia, exposta para veneração pública dos fiéis, pela primeira vez, no santuário de Ostra Brama, para a celebração do jubileu da Redenção, efetuada no domingo *in albis*, no dia 28 de abril, festa da misericórdia do Senhor.

Sexta-feira, quando fui a Ostra Brama, no decorrer das solenidades durante as quais foi exposta aquela imagem, estive presente na oração de meu confessor. Aquela oração tratava da misericórdia de Deus. Era o primeiro dos pedidos feitos por Jesus durante muito tempo. Quando ele começou a falar da grande misericórdia do Senhor, a imagem tomou um aspecto vivo e os raios penetraram no coração das pessoas reunidas, mas não em igual medida; algumas receberam mais, outras menos. Ao ver a graça de Deus, a minha alma foi inundada por grande alegria. De repente, ouvi estas palavras: "Tu és testemunha da minha misericórdia. Estarás para sempre diante do meu trono como testemunha viva da minha misericórdia". Finalizada a oração, não esperei o fim da função, pois tinha pressa de voltar para casa. Dados alguns poucos passos, foi-me barrado o caminho por uma multidão de espíritos do mal, que me ameaçaram com terríveis tormentos, enquanto se escutavam estas vozes: "Levou embora tudo aquilo pelo qual havíamos trabalhado por tantos anos". Quando perguntei a eles: "De onde vem tal multidão?", as figuras malignas me responderam: "Do coração das pessoas. Não nos tortures!". Ao ver, então, o tremendo ódio que tinham por mim, pedi ajuda ao anjo da guarda, que me disse: "Não temas, esposa do meu Senhor; estes espíritos não te farão nenhum mal sem a permissão dele". Os espíritos malignos desapareceram imediatamente e o fiel anjo da guarda acompanhou-me de maneira visível até nossa casa [...] (idem, pp. 172-173).

## "Senhor, não sou capaz"

Em maio de 1935, Irmã Faustina ouviu em sua alma as seguintes palavras de Jesus: "Prepara o mundo para a minha vinda". Fortemente aflita, ela tentou fugir desse pedido, respondendo: "Senhor, não sou capaz de realizar essa obra". Ela decidiu então sair da capela, mas Jesus lhe disse: "Queres deixar a capela, mas não deixarás a mim, pois estou em toda parte. Sozinha não consegues fazer nada; junto a mim podes qualquer coisa".

Em 9 de junho de 1935, durante o Pentecostes, ao passar pela horta à noite, Irmã Faustina ouviu as seguintes palavras: "Com tuas companheiras deverás solidificar a misericórdia em vós mesmas e no mundo". Ela compreendeu então que Jesus queria que fundasse uma nova congregação. Contudo, ela continuava a furtar-se ao convite do Senhor, dizendo-lhe que não se sentia idônea para cumprir essa obra.

Mas em 30 de junho, durante a missa, Jesus lhe disse expressamente:

> Exijo que tal congregação seja fundada o mais rápido possível. Tu viverás nela com as tuas companheiras. O meu espírito será a regra da vossa vida. A vossa vida deve ser modelada em mim, da manjedoura à morte na cruz. Penetra em meus segredos e conhecerás o abismo da minha misericórdia diante das criaturas e a minha bondade insondável, e esta tu farás o mundo conhecer. Por meio da oração serás intermediária entre a terra e o céu (cf. *Diário*, pp. 177-181).

Naquele período, o problema mais difícil para irmã Faustina era a fundação da nova congregação solicitada por Jesus. Não só pediu insistentemente a Deus e a Nossa Senhora que a iluminassem na escolha a ser feita, mas também submeteu o seu caso ao seu diretor espiritual, padre Michele Sopocko. Durante o longo período de ausência deste, dirigiu-se ao confessor que o substituía, isto é, ao próprio arcebispo de Wilno, dom Romualdo Jalbrzykowski. Ambos os confessores aconselharam-na a não deixar a própria congregação para fundar outra, mas para implorar a misericórdia de Deus para os pecadores no próprio convento.

Então, irmã Faustina disse a Jesus: "Por que me mandas fazer essas coisas e não me dás a possibilidade de realizá-las?".

"Não te entristeças", respondeu-lhe Jesus, "farei com que o confessor entenda as coisas que desejo de ti".

Logo Jesus lhe ensinou o "Terço da Divina Misericórdia", como ela escreveu:

> Sexta-feira, 13.9.1935: à noite, enquanto estava em minha cela, vi um anjo, que era o executor da ira de Deus [...]. Comecei a orar a Deus pelo mundo, com palavras que se ouviam interiormente. Enquanto orava, vi a impotência do anjo, que não pôde executar a justa punição exigida pelos pecados do mundo. Eu nunca havia orado com tal poder interior até então. As palavras com as quais supliquei a Deus foram as seguintes: "Pai eterno, ofereço-te o corpo e o sangue, a alma e a divindade do teu queridíssimo Filho e nosso senhor Jesus Cristo, em expiação dos nossos pecados e daqueles do mundo inteiro; pela sua dolorosa Paixão, tem misericórdia de nós".
>
> Na manhã do dia seguinte, enquanto entrava em nossa capela, ouvi interiormente estas palavras: "Cada vez que entrares na capela, recita logo a oração que te ensinei ontem". Logo que recitei aquela oração, ouvi na alma estas palavras: "Esta oração serve para aplacar a minha ira. Recitarás por nove dias, de acordo com a recitação do rosário, do seguinte modo: primeiro recitarás o pai-nosso, a ave-maria e o creio; depois, nas contas do pai-nosso, dirás as seguintes palavras: 'Pai Eterno, ofereço-te o corpo e o sangue, a alma e a divindade do teu queridíssimo Filho e nosso senhor Jesus Cristo, em expiação dos nossos pecados e daqueles do mundo inteiro'. Nas contas da ave-maria, recitarás as seguintes palavras: 'Pela sua dolorosa Paixão, tem misericórdia de nós e do mundo inteiro'. Enfim, recitarás três vezes estas palavras: 'Deus Santo, Deus Forte, Deus Imortal, tem piedade de nós e do mundo inteiro'" (*Diário*, pp. 193-194).

Depois da morte de irmã Faustina, padre Michele Sopocko colocou o rosário, que encontrou no *Diário* da serva de Deus, atrás da pequena imagem da Divina Misericórdia (cópia da obra do pintor Kazimirowski, em Wilno) e a fez publicar em Cracóvia pela Casa Editora Cebulski.

Em 19 de outubro de 1935, irmã Faustina, em companhia de irmã Antonia, dirigiu-se a Cracóvia para fazer os exercícios espirituais de oito dias. À noite, antes da partida, viu na capela Jesus, que lhe disse: "Por que tens medo de cumprir a minha vontade? Não crês que te ajudarei como até agora o fiz? Transmite todo o meu pedido àqueles que me representam na terra e faze apenas aquilo que te mandarem".

Durante os exercícios espirituais, irmã Faustina confiou com toda a sinceridade ao padre Andrasz o pedido de Jesus para fundar uma nova congregação. Perguntou-lhe o que deveria fazer para executar tais ordens. Deveria abandonar a sua congregação? O padre lhe deu a seguinte resposta:

> Não faça nada sem o consenso dos superiores. Sobre essa questão é preciso refletir bem e orar muito. Nessas coisas é preciso ser muito prudente, já que a senhora, irmã, tem a vontade de Deus como certa e evidente, já que está unida a esta Ordem com os votos, sobretudo perpétuos. Portanto, não deve haver dúvidas; aquilo que a senhora sente interiormente são apenas lampejos que a convidam a fundar algo. Deus pode fazer mudanças, mas essas coisas são raras. Não se apresse, até a senhora obter um conhecimento mais evidente. As obras de Deus acontecem devagar; se forem de Deus, saber-se-á claramente e não desaparecerão; e a senhora, obedecendo, não erra. Mas deve falar sinceramente de tudo com o confessor e obedecer-lhe cegamente [...] (cf. *Diário*, pp. 197-202).

Apesar dos sábios conselhos dos confessores, Jesus persistia em seus pedidos. Irmã Faustina esboçou, então, a fisionomia da futura congregação das Companheiras da Divina Misericórdia:

> As irmãs entre elas mesmas não serão divididas em coros: não haverá nem madres nem madrinhas, nem reverendas nem reverendíssimas; todas serão iguais, mesmo que haja grande diversidade de proveniência. Sabemos quem era Jesus e como se rebaixou, e quem o circundava. Usarão a veste que ele pôs durante a paixão, mas não somente a veste: devem imprimir em si os sinais com os quais ele foi marcado, isto é, sofrimento e desprezo. Cada uma delas tenderá ao completo auto-esquecimento e ao amor da humildade; e aquela que se distinguir mais nesta virtude, será capaz de guiar as outras [...] (cf. *Diário*, pp. 211-231).

Em 8 de janeiro de 1936, irmã Faustina dirigiu-se ao arcebispo de Wilno, dom Romualdo Jalbrzykowski, e lhe disse: "Excelência! Jesus quer que eu ore, implorando misericórdia para o mundo. Exige que exista uma congregação religiosa que implore para o mundo a misericórdia divina. Peço permissão para poder fazer aquilo que Jesus exige de mim".

O arcebispo ouviu-a com atenção, depois lhe respondeu:

> Querida irmã, no que diz respeito à oração, encorajo-a a orar o mais possível pelo mundo, implorando-lhe a misericórdia divina, para que todos tenham necessidade da misericórdia de Deus [...]. Mas, quanto à nova congregação, espere que as coisas se apresentem mais favoráveis [...]. Se Deus a quer, haverá também esta [...]. O Senhor Jesus tudo pode [...]. Busque a íntima união com Deus e anime-se (cf. *Diário*, pp. 231-232).

As palavras do arcebispo confortaram irmã Faustina, mas não resolveram o seu angustiante problema a respeito da fundação da congregação pedida por Jesus. Continuaram as dúvidas e as lutas interiores, bem descritas no segundo e no terceiro caderno de seu *Diário*. Esse tormento durou até que o Senhor a fez conhecer a sua vontade.

[...] Durante a santa missa, me foi dada a luz e uma profunda compreensão de toda essa obra; não restou em minha alma nem mesmo uma sombra de dúvida. O Senhor me fez conhecer a sua vontade de três maneiras diferentes, mas de uma forma só. A primeira é aquela em que as almas isoladas do mundo inflamar-se-ão como vítimas diante do trono de Deus e consolidarão a misericórdia pelo mundo inteiro [...]. Implorarão bênçãos para os sacerdotes e, com a sua oração, prepararão o mundo para a vinda final de Jesus.

A segunda é a oração unida às obras de misericórdia. De maneira particular, protegerão do mal a alma das crianças. A oração e as obras de misericórdia compreendem em si tudo aquilo que devem fazer essas almas. Em seu grupo, podem ser acolhidas também as mais pobres, que se empenharão em despertar o amor e a misericórdia de Jesus no mundo cheio de egoísmo.

A terceira é a oração e a atividade caridosa não vinculada a nenhum voto. Pela sua adesão ativa, participarão de todos os méritos e privilégios da comunidade. A este grupo, podem pertencer todas as pessoas que vivem no mundo. Cada membro deste grupo deve cumprir ao menos uma obra de misericórdia durante o dia, mas podem ser várias, o que qualquer um pode fazer facilmente, mesmo o mais pobre, já que é tríplice o modo de efetuar uma obra de misericórdia: primeiro, perdoando e confortando; segundo, caso não possa fazê-lo com a palavra, orando — também esta é uma obra de misericórdia; terceiro, fazendo as obras de misericórdia, que são 14: sete corporais e sete espirituais. *Corporais*: dar de comer aos famintos, dar de beber aos que têm sede, vestir os nus, dar abrigo aos peregrinos, visitar os enfermos, visitar os presos, sepultar os mortos. *Espirituais*: aconselhar os que têm dúvidas, ensinar os ignorantes, repreender os pecadores, consolar os aflitos, perdoar as ofensas, suportar pacientemente as pessoas importunas, rezar a Deus pelos vivos e pelos mortos.

Quando chegar o último dia, seremos julgados a este respeito (cf. Mt 25,31-46) e, de acordo com esse julgamento, receberemos a sentença eterna. Os canais das graças do Senhor estão abertos; procuremos aproveitá-los, antes que chegue o dia da justiça divina, que será um dia tremendo.

Uma vez perguntei a Jesus como podia suportar tantos crimes e delitos de todo tipo, sem puni-los. O Senhor respondeu: "Para puni-los, tenho toda a eternidade; agora prolongo para eles o tempo de misericórdia, mas ai deles se não reconhecerem o tempo de minha vinda! Filha minha, secretária de minha misericórdia, não só te obrigo a escrever sobre minha misericórdia e a difundi-la, mas também a consolidar as pessoas na graça, a fim de que também elas adorem a minha misericórdia" (cf. *Diário*, pp. 393-394).

Quando irmã Faustina teve a visão clara da vontade de Deus sobre a fundação da "nova congregação", era 27 de junho de 1937, pouco mais de um ano antes de sua morte.

Hoje, essa nova congregação, determinada por Jesus, identifica-se no Movimento da Misericórdia Divina, que irmã M. Elisabetta Siepak — pertencente à mesma congregação em que irmã Faustina viveu e morreu, isto é, a Congregação da Bem-Aventurada Virgem Maria da Misericórdia — apresenta assim:

> O culto da Misericórdia Divina procura a renovação da vida cristã com espírito de confiança e de misericórdia. Para difundir o culto da Misericórdia Divina, o Senhor inspirou em irmã Faustina a direção de um movimento para promover tal devoção. Inicialmente, isso era concebido por ela apenas como uma nova congregação religiosa.
>
> Depois de sua morte, transformou-se em um movimento de proporções mundiais, no qual podem participar tanto os membros das instituições de vida consagrada quanto os fiéis leigos. Trata-se de uma comunidade de pessoas, as quais, de maneiras diferentes, segundo o seu estado de vida e sua vocação, vivem o ideal evangélico de confiança e de misericórdia no coração e na

ação, e difundem, com o exemplo de sua vida e com a palavra, o inefável mistério da Misericórdia Divina, consolidando-a por todo o mundo.[8]

## Em Cracóvia, para morrer

Era 11 de maio de 1936, quando irmã Faustina foi transferida da casa de Wilno para a de Cracóvia. Nesta casa por ela tanto amada, permaneceu até a morte, inicialmente exercitando o ofício de jardineira e, a partir de 6 de setembro de 1937, o de porteira; faltavam-lhe forças físicas para fazer outra coisa.

Para falar adequadamente dos sofrimentos que Deus exigia dela como vítima, das iluminações, das visões, dos colóquios interiores, das mensagens a serem transmitidas aos pecadores e a todo o gênero humano como "secretária" e "mensageira" da Misericórdia Divina; das virtudes a serem praticadas — especialmente a humildade, a paciência, a doçura, a confiança em Deus e a misericórdia diante do próximo — como "testemunhos" da Misericórdia Divina, nos últimos dois anos de sua vida, seria preciso transcrever aqui o terceiro, o quarto, o quinto e o sexto cadernos de seu *Diário*. E como apenas o seu *Diário* pode revelar-nos a profundidade e a riqueza da vida espiritual e mística de irmã Faustina, além da sua humanidade, aconselhamos a leitura atenta para perceber duas vozes fascinantes: a de Jesus e a de irmã Faustina, ambas, a seu modo, vozes de misericórdia e de salvação.

Os momentos mais importantes dos últimos dois anos da vida de irmã Faustina foram semelhantes às etapas da paixão de seu e nosso senhor Jesus Cristo, evento sobre o qual muitas vezes irmã Faustina era convidada a meditar.

---

[8] Siepak, *Beata suor Faustina*, cit., pp. 39-40.

Quando irmã Faustina chegou a Cracóvia, em maio de 1936, ao amadíssimo convento Józefów, era já primavera avançada. Arregaçou as mangas e, com as mãos habilidosas e os instrumentos de trabalho, dedicou-se ao cultivo do terreno. Em pouco tempo, a sua horta-jardim encheu-se de flores de várias cores e de verduras viçosas. Mas não só o calor produzido pelo sol dos meses de julho e de agosto, como também o pesado trabalho enfraqueceram ainda mais o já frágil organismo de irmã Faustina. Por isso, em 19 de setembro, a sua superiora decidiu levá-la à casa de saúde de Pradnik para uma consulta com um pneumologista.

O doutor Adamo Silberg constatou que a tuberculose chegara a seu estágio mais avançado e ordenou à superiora que separasse imediatamente irmã Faustina das suas companheiras, para evitar o perigo de contágio. Logo que ela entrou na capela da casa de saúde, depois da consulta médica, Jesus lhe disse: "Filha minha, restam apenas poucas gotas no cálice. Talvez, daqui a pouco". Essas palavras encheram de alegria o coração de irmã Faustina, consciente de que logo alcançaria o paraíso.

As permanências de irmã Faustina em Pradnik, nos arredores de Cracóvia, foram duas: de 9 de dezembro de 1936 a 27 de março de 1937 e de 20 de abril a 17 de setembro de 1938, três semanas antes de sua morte. A partir de fevereiro de 1937, a tuberculose estendeu-se aos intestinos, provocando-lhe dores insuportáveis. Escreveu em seu *Diário*: "Sofro tudo aquilo que a minha frágil natureza pode suportar. Não só provo fortes dores nos pulmões, mas também nos intestinos [...]. Tudo pelas almas imortais [...] pelos sacerdotes [...]" (p. 342).

Em 12 de fevereiro de 1937, durante a festividade da Paixão, irmã Faustina teve a visão de Jesus martirizado e sofreu muitíssimo: "[...] Quando vejo Jesus martirizado, o meu coração fica em pedaços. Penso no que será dos pecadores se não aproveitarem a Paixão de Jesus. Em sua Paixão, vejo um mar de misericórdia [...]". Em seguida a essa visão, irmã Faustina compôs a ladainha à Divina Misericórdia (*ver* Apêndice, pp. 137ss.).

Em 10 de agosto de 1937, foi o próprio Jesus que lhe ordenou que escrevesse a novena à Divina Misericórdia (*ver* Apêndice, pp. 124ss.) e que conduzisse, a cada dia, ao seu coração, um grupo de almas. Disse-lhe irmã Faustina: "Jesus, não sei como fazer essa novena e quais almas introduzir primeiro em seu misericordiosíssimo coração. E Jesus respondeu-me que diria, a cada dia, quais almas eu deveria introduzir em seu coração".

Em 27 de setembro de 1937, irmã Faustina dirigiu-se à cidade com irmã Irene Krzyzanowska, superiora da comunidade de Cracóvia, para imprimir as imagens da Divina Misericórdia.

> Hoje, eu e a madre superiora fomos visitar um certo senhor, com o qual estamos fazendo e pintando as pequenas imagens da Divina Misericórdia e também as invocações e o terço, que já obtiveram aprovação. Depois fomos ver também a imagem maior e correta. É muito semelhante; fiquei muito contente. Enquanto observava a imagem, fui invadida por um amor de Deus tão vivo, que por certo momento não sabia onde estava. Logo depois, fomos à igreja de Santa Maria e assistimos à santa missa, durante a qual o Senhor me fez conhecer o grande número de almas que se salvarão por meio desta obra. Depois entrei em um colóquio íntimo com o Senhor, para agradecer-lhe por ter-se dignado conceder-me a graça de poder ver difundir-se o culto de sua insondável misericórdia [...].
>
> Madre Irene recebeu, de maneira surpreendente, muita luz do Senhor por tudo aquilo que diz respeito a esta causa. Ela foi a primeira a autorizar a execução da imagem, mesmo tendo se tornado minha superiora apenas dois anos depois da aparição. Ela foi a primeira a ir comigo, ao iniciar-se a pintura da imagem; agora que estamos imprimindo algumas coisas sobre a Divina Misericórdia e estamos reproduzindo as imagens

pequenas, ela novamente foi comigo, dando apoio à causa. Deus dispôs singularmente tudo isso, já que, na verdade, o início aconteceu em Wilno; agora a vontade de Deus dirigiu as circunstâncias de modo tal, que a causa continua a ser resolvida em Cracóvia. Sei que Deus ama esta superiora; vejo que Deus dirige tudo e quer que, nestes momentos importantes, eu esteja sob a sua proteção [...]. É por isso também que rezo de maneira particular por ela, porque enfrentou a maior parte das dificuldades desta obra da Divina Misericórdia [...] (*Diário*, pp. 434-435).

Em 10 de outubro de 1937, Jesus revelou a irmã Faustina outra forma de devoção à Divina Misericórdia: a "hora da misericórdia", a ser praticada às 15 horas.

Enquanto rezava, dizendo a Jesus: "[...] Apenas inspiraste, surgiu para as almas uma fonte de vida e se abriu um mar de misericórdia para o mundo inteiro. Ó fonte de vida, insondável misericórdia divina, abraça o mundo inteiro e derrama-te sobre nós!",

Jesus disse a ela:

"Às três horas da tarde, implora a minha misericórdia, especialmente para os pecadores; então, por um breve tempo, fica imersa em minha Paixão, particularmente em meu abandono no momento da morte. É uma hora de grande misericórdia para o mundo inteiro. Permitir-te-ei penetrar na minha tristeza mortal. Nessa hora não negarei nada à alma que rezar pela minha Paixão [...]" (*Diário*, p. 440).

Em 21 de abril de 1938, irmã Faustina piorou e foi levada ao hospital de Pradnik, onde a madre-geral, Michaela Moraczewska, em visita à comunidade de Cracóvia, foi vê-la pela última vez. Em agosto, irmã Faustina endereçou-lhe a última carta, na qual lhe pedia humildemente desculpas pelas faltas cometidas durante os treze anos vividos na congregação, concluindo com uma saudação: "Nós nos veremos no céu".

Em 2 de setembro de 1938, na casa de saúde de Pradnik, padre Michele Sopocko foi fazer uma visita à irmã Faustina e a viu em êxtase. O santo sacerdote trabalhou muito e muito sofreu pela difusão do culto da Divina Misericórdia. Em seu íntimo, irmã Faustina conheceu tais sofrimentos; por isso, em 21 de dezembro de 1936, escreveu em seu *Diário*:

> Fico admirada das muitas humilhações e sofrimentos que enfrenta aquele sacerdote pela causa. Vejo-o em momentos particulares e o sustento com a minha oração. Apenas Deus pode lhe dar tal coragem, já que de outra forma a alma cederia. Mas vejo com alegria que todas as dificuldades contribuem para a busca da maior glória de Deus. O Senhor não possui muitas dessas almas [...] (p. 305).

Em 17 de setembro, irmã Faustina foi reconduzida da casa de saúde de Pradnik para Cracóvia, para o amado convento Jósefów. Estava muito fraca, não conseguia mais levantar-se da cama e, praticamente, não comia. Exemplo de virtude e conformada, esperava com alegria o momento de poder se unir eternamente a seu misericordioso Senhor, não temendo a morte.

Segundo um costume da sua congregação, em 22 de setembro, ela pediu desculpas às companheiras pelas faltas involuntárias cometidas no curso de sua vida religiosa e disse a elas que morreria em 5 de outubro. À superiora, Irene Krzyzanowska, confiou: "Jesus quer exaltar-me e fazer-me santa".

Em 26 de setembro, seu diretor espiritual, padre Michele Sopocko, faz-lhe a última visita. Ela lhe disse: "Perdoe-me, padre, agora estou ocupada no colóquio com o Pai Celeste. Aquilo que tinha para dizer, já disse".

Em 5 de outubro, o padre Andrasz visitou a moribunda. Irmã Faustina confessou-se e recebeu o viático. Pouco depois, pediu uma injeção, porque as dores haviam aumentado, mas logo a rejeitou, dizendo: "Deus exige sacrifício". Às 22h45 daquele mesmo dia, na presença de irmã Ligoria Poznanska, irmã Faustina ergueu os olhos ao céu e — como em santo êxtase — partiu para a eternidade. Havia completado 33 anos no dia 25 de agosto.

Os funerais de irmã Faustina foram celebrados em 7 de outubro de 1938, festa de Nossa Senhora do Rosário e primeira sexta-feira do mês. A jovem irmã foi sepultada na cova comum do cemitério da comunidade da Congregação das Irmãs da Bem-Aventurada Virgem Maria da Misericórdia, o qual se encontra na extremidade da horta da casa de Cracóvia-Lagiewniki.

## Capítulo 5

# FUNESTOS CLARÕES DE GUERRA

Em 1938, a Polônia não era mais aquele oásis de paz que havia sido vinte anos atrás. Já em julho de 1937, irmã Faustina havia escrito em seu *Diário*:

> Rezo pela Polônia, mas vejo a grande indignação de Deus por ela, pois é ingrata. Eu me esforço profundamente para defendê-la. Lembro continuamente a Deus suas promessas de misericórdia. Quando vejo a sua ira, jogo-me com confiança no abismo da misericórdia e nele submeto toda a Polônia, mas agora Deus não pode fazer uso da sua Justiça. Ó pátria minha, quanto me custa! Não há dia em que eu não reze por ti (p. 399).

Em setembro de 1938, a jardineira irmã Klemensa foi visitar irmã Faustina, no hospital. Irmã Faustina estava reduzida a pele e ossos. Consumida pela tuberculose, respirava com dificuldade. Irmã Klemensa perguntou-lhe: "O senhor Jesus te disse se haverá guerra?".

"Haverá guerra", respondeu ela.

"Se houver, terminará logo. Os homens serão envenenados por gases e não haverá mais guerra", rebateu irmã Klemensa.

"Oh, não! A guerra durará muito tempo, haverá muitas desgraças. Sofrimentos terríveis cairão sobre as pessoas", replicou irmã Faustina.

"E a Polônia ainda existirá depois dessa guerra?", perguntou irmã Klemensa.

"Oh, a Polônia ainda existirá. Haverá pouquíssimas pessoas e amar-se-ão muito e desejarão se encontrar [...]", respondeu irmã Faustina.

Irmã Faustina havia vivenciado, outras vezes, em visão, a guerra às portas da Polônia. Para esconjurá-la, havia sofrido e rezado muito. Agora a olhava do paraíso, implorando a misericórdia de Deus.

Naquele mesmo ano, enquanto na casa de saúde de Pradnik, entre agudos sofrimentos físicos e morais, irmã Faustina Kowalska imolava-se cotidianamente como vítima inocente pela salvação da Polônia e do mundo inteiro, na cidadezinha de Wadowice, Karol Wojtyla preparava-se para o exame de maturidade. O que o desviou de seu empenho nos estudos foi a grande euforia religiosa suscitada pela visita pastoral do arcebispo de Cracóvia, dom Adam Stefan Sapieha, conhecido como "o Príncipe". Esse excelente eclesiástico, descendente de nobre família polonesa, gozava de grandíssima autoridade moral e sabia conjugar o "carisma" com a "humanidade". Acompanhava com interesse paterno a formação dos futuros sacerdotes e gostava de entreter-se com os jovens; por isso quis encontrar os alunos da escola secundária de Wadowice. Ficou a cargo de Karol, o mais brilhante dos estudantes, preparar e pronunciar o discurso de boas-vindas para o exímio arcebispo, que ficou encantado e foi conquistado pelas convincentes palavras daquele jovem.

Depois da cerimônia, dom Sapieha aproximou-se do diretor da escola, o reverendo Zacker, e disse-lhe: "Este rapaz seria um ótimo padre. O que acha?". O diretor respondeu que Karol, apesar de sua grande piedade, identificava-se mais nas vestes de ator do que na batina de padre. Visivelmente contrariado, o arcebispo encaminhou-se para o seu carro, repetindo: "Pecado, verdadeiramente um pecado [...] eu o tinha visto muito bem como padre. A Igreja tem necessidade de homens como ele". Era 6 de maio de 1938; alguns dias depois, Karol Wojtyla completaria 18 anos.

Dom Sapieha não se havia enganado. Karol tornar-se-ia um ótimo padre, depois um ótimo bispo, um ótimo cardeal e um ótimo papa. E a Igreja refloriria... Mas, naquela ocasião, o arcebispo de Cracóvia ainda não podia prever a trabalhosa escalada de Karol até o ápice. Provavelmente começou a intuí-lo quando, em 1941, pôde vê-lo como aluno do seminário clandestino por ele dirigido.

Nesse ínterim, em 1939, na Alemanha, estava acontecendo algo que condicionaria a história de toda a Europa e de todo o mundo. A ascensão inexorável de Adolf Hitler ao poder e sua vontade de afirmar em todo o continente a supremacia da raça ariana haviam determinado uma situação de perseguição nos confrontos de alguns grupos étnicos tidos como inferiores ou responsáveis por algum crime histórico, entre os quais os judeus, que não mais gozavam de nenhum benefício público, como ir ao cinema, ao teatro ou a um concerto; não mais podiam dirigir carro, pois sua carta de habilitação havia sido confiscada; não podiam exercer profissões como farmacêutico, dentista ou veterinário. Os jovens judeus, por sua vez, haviam sido expulsos da escola. Uma só palavra de ordem percorria o país: "Expulsar da Alemanha todos os judeus".

Naquela época, como hoje em outras partes, existiam comunidades judaicas em todos os países europeus; no território polonês, havia mais de três milhões de judeus que dispunham de uma estrutura comparável à da Igreja católica, com escolas, jornais e associações muito poderosas. Tudo isso suscitava um rancor nunca esquecido, que se exprimia na convicção difusa de que os judeus estavam no controle do poder e de que controlavam tudo. Na verdade, na Polônia como em qualquer outro lugar, existiam judeus industriais, comerciantes, advogados ou médicos, mas também muitos operários, camponeses, artesãos ou simples empregados...

Nesse clima cultural e político, Karol Wojtyla, como a maior parte dos seus contemporâneos, não se deu conta do surgimento da onda nazista e muito menos do perigo que a Polônia estava correndo.

Até a primavera de 1939, o governo de Varsóvia, sob a direção do coronel Beck, achava que poderia garantir a segurança do país evitando provocar a Alemanha. Mas Hitler, em 11 de março de 1938, havia realizado a Anschluss:* forçando com apenas uma divisão blindada a fronteira da Áustria, entrou triunfalmente em Viena.

França e Grã-Bretanha, em vez de denunciarem a demonstração de violência que anunciava outras tempestades, preferiram tranqüilizar a opinião pública. E, assim, o cataclismo que envolveria o mundo inteiro havia apenas começado, com a aprovação da Europa, que era importante.

Ainda em março de 1939, sem grandes dificuldades, beneficiando-se da cumplicidade de Paris e de Londres, Hitler iniciou a anexação da Tchecoslováquia e, em maio, assinou um pacto com a Itália de Mussolini.

A Alemanha contava com quase um milhão e cinqüenta mil soldados prontos para o combate. O seu exército dispunha de 3.200 tanques blindados Panzer e de 2.600 aviões de caça. No que diz respeito à Polônia, Hitler a odiava e pretendia apagá-la da história. Em grande segredo, programou a sua ofensiva para o dia 25 de agosto de 1939. Mas, no último momento, hesitou, em

---

\* Golpe militar nazista, que resultou na anexação da Áustria à Alemanha. (N.R.)

razão da assinatura de uma aliança entre Londres e Varsóvia, em que a Grã-Bretanha incumbia-se de proteger a Polônia em caso de ataque externo. Hitler adiou o seu projeto por alguns dias; então, em 1º de setembro, atacou.

As tropas alemãs atravessaram a fronteira sem nem mesmo haver uma declaração de guerra. De nada adiantaram os apelos conjuntos do presidente americano Franklin Roosevelt e do papa Pio XII, que havia acabado de assumir o pontificado. Hitler desafiou o mundo e em três semanas submeteu a Polônia à sua mordaça, aniquilando-a.

Apesar da vitória relâmpago de Hitler, a guerra não havia acabado. Pelo contrário, na Polônia durou mais tempo do que em qualquer outro lugar: seis anos de ocupação, destruição, humilhação e sofrimento. Proporcionalmente, nenhuma nação sofreu tantas perdas: dos trinta milhões de habitantes, morreram seis milhões.

Nessa luta ímpar, a Polônia não podia esperar êxito. Os seus chefes militares quiseram resistir por 15 dias, o tempo necessário para permitir que a França, sua aliada, se mobilizasse e lançasse uma ofensiva contra a Alemanha. Hitler, chamado à outra frente, talvez tivesse renunciado a Varsóvia. Mas a França não se moveu. Os poloneses esperavam os franceses, como amigos. Mas chegaram os russos, como inimigos. A invasão alemã era conseqüência de um pacto entre Hitler e Stalin, assinado em Moscou, no dia 23 de agosto, e que previa, em uma cláusula secreta, o ataque conjunto contra a Polônia, por parte da Alemanha e da URSS, que depois dividiriam o território conquistado. A Alemanha nazista, na verdade, sem a ajuda da União Soviética, talvez não tivesse corrido o risco de atacar a Polônia.

Em 17 de setembro de 1939, o Exército Vermelho ocupou Wilno e Brest-Litovsk. Cinco dias depois, Berlim e Moscou dividiram o território polonês, estabelecendo uma linha de demarcação entre as duas zonas conquistadas. Varsóvia rendeu-se, mas o governo polonês recusou-se a se submeter e, para organizar melhor a resistência aos confrontos dos dois inimigos antigos, tomou o caminho do exílio e, por fim, estabeleceu-se em Londres.

Em todo o país, os resistentes organizavam-se. Muitos jovens desapareciam misteriosamente por uma semana ou duas, para depois reaparecerem de modo também misterioso. Algumas vezes não mais eram vistos. Eram os membros dos circuitos clandestinos.

Hitler queria instaurar na Polônia uma separação total entre as diversas etnias: os arianos nascidos na Alemanha, os arianos nascidos fora da Alemanha, os não-alemães (*Nichtdeutsch*), como, por exemplo, os poloneses, os ucranianos e os ciganos. Para ser eficaz, a segregação étnica deveria exprimir-se em uma separação também física. Cada categoria de pessoas foi reagrupada em zonas geográficas distintas.

Nessa grande bagunça, o grupo de Wojtyla e seus amigos tornaram-se cada vez mais reduzidos. Karol escolheu o trabalho obrigatório, consciente de que o trabalho em uma fábrica contribuía para o empenho em favor da guerra. A sua escolha pode ser entendida à luz da fé. Depois de ter ingressado no seminário clandestino, não podia mais transgredir o mandamento supremo: "Não matarás". Ele seguiu o seu projeto a longo prazo, sabendo que, depois da guerra, as feridas e as ruínas não seriam exclusivamente físicas e materiais. A Polônia libertada, mas destruída, teria necessidade de padres para curar as almas e para refazer-se.

Naquele mesmo período, Wojtyla ouviu falar dos campos de concentração. Auschwitz e Birkenau encontram-se a apenas trinta quilômetros de Wadowice. No final de novembro de 1939, muitos dos seus professores haviam sido deportados. Mas ele, então, ignorava a verdadeira natureza daqueles campos. Mesmo não suspeitando do genocídio, Karol assistiu, como testemunha ansiosa, à realização do plano alemão. Os nazistas evacuaram centenas de países, continuando a massacrar e a deportar as pessoas. Em todas as cidades da Polônia, bairro por bairro, rua por rua, casa por casa, caçaram os judeus.

Dez milhões de crianças, mulheres e homens foram massacrados ou assassinados em câmaras de gás; destes, quatro milhões foram exterminados no campo de Auschwitz.

Em 19 de outubro de 1941, as tropas alemãs alcançaram as portas de Moscou. No rádio, Hitler anunciou: "É a nossa última grande batalha".

Como nos outros países ocupados, a resistência polonesa impediu os transportes, derrubou pontes e ferrovias. Enfim, a indústria foi submetida a contínuas sabotagens. Na ausência da Polônia, ainda havia os poloneses.

Em outubro de 1942, os alemães alcançaram Estalingrado, mas foram bloqueados e não conseguiram superar o obstáculo. Cercados pelos soviéticos, renderam-se em 31 de janeiro. A notícia atravessou primeiro a Rússia, depois a Polônia e todo o mundo. O sucesso do Exército Vermelho em Estalingrado, "a vitória decisiva da guerra", provocou efetivamente uma imensa esperança, tanto na Polônia quanto nos aliados.

Contudo, contrariamente aos habitantes dos países da Europa ocidental, os poloneses tinham algumas razões para não estar tranqüilos: observavam com apreensão a eventual libertação por parte do exército soviético. Stalin, de fato, mostrava-se arrogante diante da Polônia, não mais reconhecia o governo em Londres, preparando, assim, o terreno para fazer daquele país uma espécie de colônia.

No mesmo ano de 1942, Stalin havia enviado clandestinamente para Varsóvia alguns subordinados do Komintern,* com

---

\* Sigla de Kommunistitcheskii Internatsional (Internacional Comunista), associação internacional de partidos comunistas. (N.R.)

a missão de formar o partido comunista polonês. A resistência comunista presente no país, a Guarda do povo, contava então com poucos adeptos, mas, sob ordem de Moscou, distanciou-se da AK (*Armja Krajowa*), o exército clandestino. Em julho de 1943, a Polônia perdeu o seu homem político mais influente e respeitado, o chefe do governo polonês no exílio geral, Sikorski, morto em um acidente aéreo em Gibraltar. A Rússia ficou livre para intervir na Polônia como queria, porque os aliados americanos e ingleses precisavam muito de Stalin para irem contra os seus planos na Polônia. A liberdade e a independência da Polônia duraram apenas vinte anos.

Nesse ínterim, os judeus do gueto de Varsóvia rebelaram-se contra a ocupação nazista; a sua resistência durou quatro semanas, depois o gueto foi destruído. Foram assassinados 56 mil judeus; os sobreviventes preferiram incendiar as próprias casas a se render e ser capturados pelas SS.

O Exército Vermelho avançava e, sob o pretexto de libertar o país, na realidade ocupava-o impondo um governo pára-comunista, o Comitê Polonês de Libertação Nacional, com sede em Dublim. Os resistentes poloneses, que haviam fugido dos nazistas, saíram da clandestinidade para festejar a vitória e a liberdade reencontrada, mas foram imediatamente desarmados pelos russos. Nos lugares-chave, nos escritórios e na administração, Moscou impôs homens manipulados.

Em 20 de julho de 1944, Hitler fugiu de um atentado ao seu quartel-general. A cidade de Varsóvia estava à deriva. Com pressa e fúria, sob a pressão da chegada dos tanques blindados russos, os alemães bateram em retirada. Em toda a cidade estourou um grito de alegria: era 1º de agosto de 1944. Mas a fúria nazista ainda não havia encerrado a luta com a Polônia. Tropas especiais arremessaram-se sobre Varsóvia e a colocaram sob estado de sítio por algumas semanas. Em 2 de outubro de 1944, a cidade foi totalmente destruída. Os alemães logo bateram em retirada, perseguidos pelos russos, para os quais haviam preparado o caminho da ocupação da Polônia.

Abriram-se os campos de concentração; finalmente os "libertadores" entenderam que o inferno existe: eles o viram com os próprios olhos. Mas ainda não era o tempo da paz; os soviéticos, na verdade, começaram a desmantelar a Polônia, pedaço por pedaço: desmontaram as fábricas para levá-las a seu país; saquearam e incendiaram as cidades; cometeram atos de violência contra a população.

Em fevereiro de 1945, os três vencedores reuniram-se em Yalta, em território soviético, para definir as fronteiras do mundo novo, ao redor de uma mesa: Churchill, Roosevelt e Stalin.

Na Polônia, estabeleceu-se constituir um governo de unidade nacional, partindo apenas do Comitê de Dublim, imposto pelos soviéticos. O governo legal, exilado em Londres, foi colocado totalmente fora do jogo. Stalin impôs a ordem que ele queria na Polônia; o mesmo aconteceu na Hungria, na Romênia e na Bulgária, três países que, ao contrário da Polônia, se haviam aliado à Alemanha. A divisão do mundo tornou-se logo um confronto ideológico: a assim chamada Guerra Fria, que durou meio século.

À barbárie seguiu-se o ateísmo. Ao anti-semitismo e ao extermínio étnico, "a luta programada contra Deus", segundo uma expressão de Karol Wojtyla.

A Polônia, transformada — de improviso e contra sua vontade — em comunista, descobre-se totalmente católica.

## Do silêncio à glória

Enquanto na Polônia padre Karol Wojtyla, executando a vontade de Deus, percorria etapa por etapa a estrada que o conduziria ao Vaticano, do céu, irmã Faustina Kowalska realizava os pedidos feitos por Jesus, encaminhando em todo o mundo o culto e a devoção à Divina Misericórdia.

> Quando, em 30 de setembro de 1897, morreu em Lisieux a carmelita irmã Teresa do Menino Jesus, poucos daqueles que estavam perto dela se deram conta de sua santidade. Depois de alguns anos, a sua companheira, irmã Maria, declarou: "Esteve em meio às irmãs, quase sem ser vista, por causa de sua vida resguardada". Mas o seu culto difundiu-se como um relâmpago sobre toda a terra, e milhões de almas seguiram o seu "pequeno caminho".

Irmã Faustina era muito devota de santa Teresa do Menino Jesus; viu-a em sonho (cf. *Diário*, pp. 80-81) e ela havia previsto coisas que aconteceram. Talvez se inspirasse também na infância espiritual de santa Teresa do Menino Jesus (cf. idem, p. 30). Por fim Jesus lhe disse que queria a sua infância espiritual (pp. 143 e 486).

Com irmã Faustina Kowalska aconteceu algo parecido ao que ocorreu à santa Teresa do Menino Jesus. Poucas pessoas, a não ser suas superioras imediatas e seus confessores, davam-se conta daquilo que ocorria em sua alma. O silêncio a respeito de irmã Faustina na Congregação das Irmãs da Bem-Aventurada Virgem Maria da Misericórdia foi interrompido pela superiora-geral, madre Michaela Moraczewska:

> Por dois anos depois da morte de irmã Faustina, houve um silêncio entre nós. Depois começaram a chegar de fora sinais e notícias do crescente culto à Divina Misericórdia, em Wilno; dado que se citava irmã Faustina, as irmãs pediam explicações. Acreditei que fosse o momento oportuno de informar oficialmente à congregação sobre a missão de irmã Faustina, o que fiz em 1941, durante a visita às casas, às quais então se podia chegar durante a ocupação. As irmãs receberam essa notícia com estupor, pois a grande maioria não se havia dado conta de nada,

mas com alegria, considerando — como alguém disse muito bem — que foi a santíssima padroeira da nossa congregação, a Mãe da Misericórdia, que nos deu e confiou, por meio de irmã Faustina, o grande dom de recordar ao pobre mundo pecador a Divina Misericórdia.

Na realidade, durante a guerra (1939-1945), o culto à Divina Misericórdia difundiu-se de acordo com as indicações de irmã Faustina não só na Polônia, mas também em todo o mundo. Depois da guerra, o culto proposto por irmã Faustina não diminuiu; pelo contrário, espalhou-se bastante. Inesperadamente, para os devotos da Divina Misericórdia aconteceu uma prova muito dura. Nas *Acta Apostolicae Sedis,* no período de 11 a 25 de abril de 1959, aparece a seguinte "notificação":

> Comunica-se que a Sagrada Congregação do Santo Ofício, depois de ter examinado as visões e as revelações atribuídas a irmã Faustina Kowalska, da Congregação da Bem-Aventurada Virgem Maria da Misericórdia, que morreu em 1938, em Cracóvia, decidiu o seguinte:
>
> 1) é preciso proibir a difusão das imagens e dos escritos que representam a devoção da Divina Misericórdia nas formas propostas por irmã Faustina;
>
> 2) a tarefa de remover as imagens acima citadas, que eventualmente já foram expostas ao culto, é confiada à prudência dos bispos (p. 271).

Poder-se-ia pensar que a decisão da Sagrada Congregação do Santo Ofício, em 1959, contrária a irmã Faustina e à devoção, tenha prejudicado definitivamente a sua obra. Na realidade, não foi assim.

Durante a última sessão do concílio Vaticano II, o arcebispo de Cracóvia, cardeal Karol Wojtyla, muito favorável à devoção à Divina Misericórdia e à questão inerente à irmã Faustina, perguntou ao diretor da Sagrada Congregação do Santo Ofício, cardeal Ottaviani, se a decisão da Congregação a esse respeito acabava com a possibilidade de serem examinadas a vida e as virtudes de irmã Faustina no tribunal eclesiástico de Cracóvia, com o objetivo de uma possível beatificação (o assim chamado "processo informativo"). Em resposta, o arcebispo soube que as decisões do Santo Ofício não continham nada que impedisse tal processo naquela cidade. O mesmo cardeal Ottaviani encorajou o arcebispo a constituir o quanto antes o tribunal em Cracóvia e a recolher as informações a respeito de irmã Faustina, enquanto as testemunhas estivessem vivas.

Diante dessa situação, no dia 21 de outubro de 1965, o cardeal Karol Wojtyla, por meio de seu delegado, monsenhor Giuliano Groblicki, abriu o processo informativo de irmã Faustina. Depois de dois anos, no dia 20 de setembro de 1967, tal processo chegou ao fim. As práticas judiciárias e os depoimentos das testemunhas foram redigidos em polonês. No início de 1968, os *Atos do processo* foram traduzidos para o latim e aceitos pela Congregação para as Causas dos Santos. A prova passou assim como chegou: inesperadamente. As *Acta Apostolicae Sedis*, no número de 30 de junho de 1978, reportavam a seguinte "notificação" da Congregação *Pro Doctrina Fidei*:

> De diversas partes, especialmente da Polônia, até mesmo autoridades, perguntaram-se se ainda estão em vigor as proibições contidas na "notificação" da Sagrada Congregação do Santo Ofício publicada nas *AAS*, no ano de 1959, página 271, a respeito da devoção à Divina Misericórdia nas formas propostas por irmã Faustina Kowalska.
>
> Esta Sagrada Congregação, tendo presentes muitos documentos originais, não conhecidos em 1959, consideradas as circunstâncias

profundamente mudadas e levando em conta o parecer de muitos cidadãos poloneses, declara não mais estarem em vigor as proibições contidas na citada notificação (p. 350).

Depois da morte de irmã Faustina Kowalska, com a difusão do culto da Divina Misericórdia e as graças obtidas pelos devotos por sua intercessão, criou-se a sua fama de santidade. Assim, por mérito do arcebispo de Cracóvia, o cardeal Karol Wojtyla, de 1965 a 1967 desenvolveu-se, naquela cidade, o assim chamado "processo informativo" relativo à vida e às virtudes da humilde e heróica irmã polonesa. Em 1968, começou em Roma o "processo de beatificação", concluído em dezembro de 1992.

Em 18 de abril de 1993, em Roma, na praça de são Pedro, João Paulo II proclamou Faustina Kowalska beata; em 30 de abril de 2000, proclamou-a santa.

Realizou-se a "profecia" feita em sonho a irmã Faustina por santa Teresa do Menino Jesus (cf. *Diário*, pp. 80-81). Alguns meses antes da sua morte, irmã Faustina escreveu em seu *Diário*:

> Uma vez, quando eu estava orando pela Polônia, ouvi estas palavras: "Amo a Polônia de maneira particular e, prevalecendo a minha vontade, eu a levantarei em poder e santidade. Dela sairá a 'fagulha' que preparará o mundo para a minha última vinda" (p. 568).

Qual será essa "fagulha"? Será o santo padre João Paulo II? Santa Faustina Kowalska? O culto à Divina Misericórdia e o movimento que o difunde, nascidos, também estes, na Polônia?

O papa polonês Karol Wojtyla, corajosa testemunha de uma época, foi um incansável missionário do Evangelho, peregrino em todo o mundo; um eficaz comunicador escutado por todos os povos, autor de numerosas encíclicas — entre elas a *Dives in misericórdia* — que têm suas raízes na Bíblia; ao mesmo tempo, inspirou-se nas revelações feitas por Jesus à humilde irmã polonesa, "testemunha" e "mensageira" da misericórdia de Deus.

Ao proclamar santa a heróica irmã Faustina Kowalska, João Paulo II deu "sinal verde" para o conhecimento de sua mensagem de confiança em Deus e de misericórdia para com o próximo, e para a difusão do culto querido por Jesus por meio do Movimento da Misericórdia Divina, ao qual todos os crentes podem pertencer, sejam religiosos, sejam leigos.

Esses quatro "elementos" são, talvez, a "fagulha acesa" do amor e da misericórdia de Deus nascida na Polônia, que preparará o mundo para a última vinda do Senhor.

Capítulo 6

# ESPIRITUALIDADE E MISSÃO DE SANTA FAUSTINA KOWALSKA

O que é espiritualidade?

Por espiritualidade entende-se tudo aquilo que faz parte da vida religiosa e espiritual de uma pessoa, de um grupo, de uma instituição religiosa, de um movimento, de uma comunidade eclesial etc. e de todas as realidades que ajudam as pessoas a se encontrarem com Deus. Cada religião tem a sua própria espiritualidade e as conseqüentes técnicas para desenvolvê-la e fazê-la viver nos próprios fiéis.

A espiritualidade cristã tem as seguintes características:
- *trinitária*, pois adora um único Deus, Uno e Trino — o Pai, o Filho e o Espírito Santo —, e nele crê;
- *bíblica*, pois tem suas próprias raízes na Bíblia, isto é, no Antigo e no Novo Testamento;
- *cristológica*, isto é, imita Jesus Cristo, seguindo os seus ensinamentos. Disse Jesus: "Eu sou o caminho, a verdade e a vida [...]" (cf. Jo 14,6-8.12);
- *eclesial*, pois vive a mesma vida da Igreja por meio da Sagrada Escritura, da Tradição, do mistério eclesiástico, da liturgia, dos sacramentos que alimentam a graça divina em nossa alma;
- é fundamentada no *Espírito Santo*, que ilumina, vivifica e santifica a Igreja e a alma de seus fiéis, estimulando-os a viver

unidos a Jesus Cristo Redentor na Santíssima Trindade, por meio da Virgem Maria, filha predileta do Pai, Mãe escolhida pelo Filho e esposa do Espírito Santo, à qual Jesus, ao morrer na cruz, nos confiou na pessoa do apóstolo são João Evangelhista: "Junto à cruz de Jesus estavam de pé sua mãe e a irmã de sua mãe, Maria de Cléofas, e Maria Madalena. Jesus, ao ver sua mãe e, ao lado dela, o discípulo que ele amava, disse à mãe: 'Mulher, eis o teu filho!'. Depois disse ao discípulo: 'Eis a tua mãe!'. A partir daquela hora, o discípulo a acolheu junto de si" (Jo 19,25-27). E Nossa Senhora, por vontade de seu filho, torna-se, assim, a mãe espiritual de todos os redentos.

Reencontramos essas características essenciais da espiritualidade cristã na vida espiritual e mística da apóstola da Divina Misericórdia, santa Faustina Kowalska.

Na descrição da espiritualidade cristã, levam-se também em consideração todos os elementos que dizem respeito à vida interior: a oração, a ascese, a liturgia, os vários aspectos da imitação de Jesus Cristo, a experiência dos mistérios da fé, os vários tipos de culto com os quais se veneram a divindade, Nossa Senhora, os santos, as almas do purgatório, as relíquias etc., além do pano de fundo social das subseqüentes épocas e, atualmente, também os condicionamentos psicológicos.

Na longa e rica história da espiritualidade cristã, fala-se de "escola" quando se faz referência a um grupo homogêneo que pratica o mesmo método de oração e de trabalho ascético, que conduz as almas à união íntima com Deus e, por conseqüência, à santidade. Tais escolas unem em seus métodos ascéticos também o particular carisma da ordem religiosa ou monástica à qual pertencem, que caracteriza a sua espiritualidade.

Referindo-se às mais conhecidas, temos assim a escola agostiniana, que tem origem na espiritualidade e na Regra do grande bispo norte-africano e doutor da Igreja, santo Agostinho (354-430). Além dos agostinianos, ainda hoje muitos religiosos inspiram-se na espiritualidade e na Regra de santo Agostinho. Muitas são as instituições femininas que o consideram como pai. Santa Rita de Cássia era também uma monja agostiniana.

A escola beneditina, que tem por emblema o famoso mote *Ora et labora* (Ora e trabalha), baseia-se, sobretudo, na liturgia, na meditação, na oração e no trabalho. O fundador dos beneditinos, o abade são Bento de Núrsia (480-547), foi proclamado o padroeiro da Europa por Paulo VI, em 1964.

A escola carmelita nasceu em Monte Carmelo. No século XII, alguns eremitas exilaram-se naquela montanha para viverem em melhor união com Deus; fundaram a Ordem dos Carmelitas, dedicada à contemplação sob a proteção da bem-aventurada virgem Maria, Mãe de Deus e nossa Mãe.

Segundo as tradições carmelitas, o primeiro superior-geral da Ordem, são Simão Stock, recebeu da mão de Nossa Senhora o escapulário com a promessa da salvação eterna. Pertencem à Ordem dos Carmelitas, entre outros, três grandes santos, autores de interessantes obras místicas, todos os três proclamados doutores da Igreja: o espanhol são João da Cruz (1542-1591) e a sua conterrânea, santa Teresa de Ávila (1515-1582) — que são João ajudou na vasta obra de reforma dos conventos carmelitas que haviam caído no laxismo espiritual —, e a francesa Teresa do Menino Jesus (1873-1897), pertencente ao Carmelo de Lisieux, autora do *best-seller* autobiográfico *História de uma alma*, que percorreu espiritualmente, com total abandono à vontade de Deus, o "pequeno caminho da infância espiritual", alcançando o ápice da santidade.

A escola dominicana tem como mestre o cônego espanhol são Domingos de Gusmão (1170-1221), apóstolo do rosário para a defesa da fé contra as heresias de sua época e incansável anunciador da Palavra de Deus. Teve consigo eruditos e corajosos colaboradores; por isso fundou a ordem dos Frades Pregadores. A eles fez esta recomendação, que é também a síntese de sua espiritualidade: "Tenham a caridade, conservem a humildade, acumulem os tesouros da santa pobreza" e, obviamente "preguem o Evangelho às pessoas".

A escola franciscana inspira-se na espiritualidade evangélica de seu seráfico fundador, são Francisco de Assis (1181-1226). Tem como mote o cumprimento augural "Paz e bem", que toca o coração das pessoas e as estimula à paz e ao amor. As grandes ordens franciscanas, menores, conventuais, capuchinhos (clarissas e ordem terceira), encontram em seu santo fundador um estilo de vida mais do que uma regra. Vivem, portanto, o espírito das bem-aventuranças evangélicas (cf. Mt 5,1-12) e o mandamento do amor (cf. Lc 10,25ss).

A escola inaciana tem origem no sacerdote espanhol, santo Inácio de Loyola (1491-1556), fundador da companhia de Jesus (padres jesuítas), um exército de religiosos à disposição do papa na defesa da fé, da reforma da Igreja, da obra missionária, da educação religiosa e cultural dos jovens nos colégios e nas universidades, representando a Igreja no campo da ciência e do pensamento moderno. A espiritualidade inaciana dos jesuítas é essencialmente cristocêntrica e eclesial, baseada na imitação de Cristo, em um grande amor pelo próximo e em um concreto amor pela Igreja e pelo papa, vigário de Jesus Cristo na terra.

Na história da espiritualidade, além das escolas, fala-se também das "correntes", as quais se distinguem "por uma doutrina de vida, de oração e de ascese menos compacta". Hoje, a vida da Igreja está enriquecendo-se de um colorido mosaico de várias espiritualidades, nas quais estão encastoadas — como pérolas sempre brilhantes — as antigas escolas citadas, nas quais — iluminadas pelo Sol divino — começam a brilhar também as espiritualidades das jovens comunidades religiosas e dos movimentos nascentes ou que acabaram de nascer, os quais — como as águas frescas e límpidas de um benéfico rio — confluem na vida da Igreja do terceiro milênio, revitalizando-a.

Nesse rico mosaico, a espiritualidade de santa Faustina Kowalska ocupa um lugar importante. Tem como base o mistério da Divina Misericórdia, que a santa meditava na Palavra de Deus e contemplava no cotidiano de sua vida simples e discreta. O conhecimento e a contemplação desse "insondável mistério" desenvolveram nela um comportamento de filial confiança em Deus e de fraterna misericórdia diante do próximo. Escreveu em seu *Diário*:

> Ó meu Jesus, cada um de teus santos espelha em si uma de tuas virtudes; eu desejo espelhar o teu coração compassivo e cheio de misericórdia; quero glorificá-lo. Que a tua misericórdia, ó Jesus, seja impressa em meu coração e em minha alma como um selo, e este será o meu sinal distintivo nesta e na outra vida (p. 418).

Santa Faustina foi também grande devota e fiel filha da Igreja, que amava como mãe e como corpo místico de Jesus Cristo. Consciente do papel que Deus lhe havia confiado, colaborava com a Divina Misericórdia na obra da salvação das almas. Correspondeu ao desejo de Jesus e ofereceu a sua vida em sacrifício de expiação para obter misericórdia para os pecadores. A sua fecunda vida espiritual era, além disso, caracterizada por um intenso amor pela Eucaristia e por uma terna devoção a Nossa Senhora, venerada em sua congregação sob o título de Mãe de Deus da Misericórdia.

Escreveu santa Faustina em seu *Diário*, a respeito de Maria:

> Através dela, como através de um puro cristal,
> a tua misericórdia chegou a nós, ó Deus.
> Por seu mérito, o ser humano torna-se grato a Deus;
> por seu mérito descem sobre nós
> torrentes de graça de toda espécie (p. 575).

A espiritualidade de santa Faustina Kowalska é fortemente enraizada no carisma da Congregação da Bem-Aventurada Virgem Maria da Misericórdia, à qual pertencia.

> Mas aperfeiçoada por Jesus nos ápices do misticismo, tornou-se clara e atraente, sobretudo para aqueles que se sentem atraídos pelo mistério da misericórdia de Deus. De modo particular, de fato, irmã Faustina é um modelo para os devotos e para os apóstolos da Divina Misericórdia, já que a sua espiritualidade está estreitamente ligada a esta devoção, cuja essência e condição são a infinita confiança na bondade de Deus e o comportamento de ativa caridade para com o próximo.[9]

Disse Jesus a irmã Faustina:

> Minha filha, se por meio de ti exijo das pessoas o culto de minha misericórdia, tu deves ser a primeira a distinguir-te pela confiança nela. Exijo de ti atos de misericórdia que devem derivar do amor que tens por mim. Deves mostrar misericórdia, sempre e em todo lugar, para com o próximo: não podes eximir-te disso, nem recusar, nem te justificar. Apresento-te três modos de demonstrares misericórdia para com o próximo: o primeiro é a ação; o segundo, a palavra; o terceiro, a oração. Nesses três modos está a plenitude da misericórdia e uma demonstração irrefutável do amor por mim. Assim, a alma exalta a minha misericórdia e rende-lhe culto [...] (*Diário*, pp. 277-278).

---

[9] SIEPAK, M. Elisabetta. *Ha reso straordinaria la vita quotidiana. La via alla perfezione cristiana e la missione della beata suor Faustina*. Roma, Centro di Spiritualità della Divina Misericordia, 1995. pp. 15-16.

## A missão de santa Faustina

Para realizar o seu projeto de amor e de misericórdia para com a humanidade do terceiro milênio, Deus escolheu a humilde e corajosa santa Faustina Kowalska e a preparou gradualmente para desenvolver tão sublime missão. Durante o inverno de 1938, irmã Faustina ouviu interiormente estas palavras: "No Antigo Testamento, enviei a meu povo os profetas, com os raios. Hoje te envio à humanidade, com a minha misericórdia. Não quero punir a humanidade sofredora, mas desejo curá-la e abraçá-la em meu coração misericordioso [...]" (*Diário*, p. 522).

A missão de irmã Faustina consistia em três tarefas:

1. Aproximar do mundo e proclamar-lhe a verdade revelada sobre o amor misericordioso de Deus para com cada ser humano, na Sagrada Escritura.
2. Implorar a Misericórdia Divina para todo o mundo, sobretudo para os pecadores, mediante novas formas de culto da Divina Misericórdia indicadas por Jesus: a imagem de Cristo com a frase: "Jesus, confio em ti!", a festa da Divina Misericórdia no primeiro domingo depois da Páscoa, a prece à Divina Misericórdia e a oração às três horas da tarde, hora da Divina Misericórdia.
3. Inspirar um movimento apostólico da Divina Misericórdia, com o encargo de proclamar e implorar a Misericórdia Divina para o mundo e aspirar à perfeição cristã no caminho indicado por irmã Faustina, um comportamento de confiança filial em Deus, que se exprime no cumprimento de sua vontade e na atitude misericordiosa para com o próximo.

Hoje esse movimento reúne na Igreja milhões de pessoas de todo o mundo: congregações religiosas, instituições seculares, sacerdotes, confrarias, associações, muitas comunidades dos apóstolos da Divina Misericórdia e pessoas comuns que empreendem os encargos que o Senhor confiou a irmã Faustina.

A sua missão foi por ela escrita em seu *Diário*, que redigia segundo o comando de Jesus e de seus confessores, anotando fielmente as palavras que o Senhor misericordioso lhe sugeria, revelando-nos, assim, a íntima e permanente união de sua alma com ele.

Um dia, enquanto escrevia, viu Jesus inclinado sobre ela. Ele lhe perguntou: "Minha filha, o que estás escrevendo?". Ela respondeu: "Escrevo sobre ti, ó Jesus, sobre tua oculta presença no santíssimo Sacramento, sobre teu insondável amor e sobre tua misericórdia para com as pessoas".

E Jesus disse a ela:

> Secretária de meu mistério mais profundo, estás em exclusiva confidência comigo. A tua tarefa é escrever tudo aquilo que eu te faço conhecer sobre a minha misericórdia, para o bem das almas que, ao lerem estes escritos, provarão um conforto interior e serão encorajadas a aproximar-se de mim (*Diário*, p. 557).

## A devoção à Divina Misericórdia

Na década de 1970, em preparação ao processo de beatificação de irmã Faustina Kowalska, o ilustre teólogo polonês, reverendo e professor Ignacy Rózycki, elaborou uma profunda análise teológica do *Diário* da mensageira da Divina Misericórdia, analisando minuciosamente a parte da mensagem que diz respeito ao culto da Divina Misericórdia.

As idéias fundamentais ligadas a esse tema foram reportadas no volume de padre Rózycki, *La Misericordia di Dio. Tratti fondamentali della devozione alla Divina Misericordia* [A misericórdia de Deus. Tratados fundamentais da devoção à Divina Misericórdia], publicado em 1982, em Cracóvia, pela Congregação da Bem-Aventurada Virgem Maria da Misericórdia.

Para conhecer a devoção à Divina Misericórdia, transmitida a nós por santa Faustina Kowalska, é oportuno conhecer o trabalho de padre Rózycki, no qual se inspirou M. Elisabetta Siepak, em seu pequeno livro *Ha reso straordinaria la vita quotidiana* [Tornou-se extraordinária a vida cotidiana], editado em Roma, em 1995, pelo Centro di Spiritualità della Divina Misericordia.

A nossa sintética apresentação da devoção à Divina Misericórdia baseia-se principalmente nesse livrinho, que retoma fielmente a reflexão do teólogo polonês.

Ao serem examinadas com atenção as partes do *Diário* de santa Faustina ligadas ao culto da Divina Misericórdia, foram colocados em evidência alguns fatores:

1. O *objeto* de culto dessa devoção é a misericórdia de Deus, Uno e Trino. Essa misericórdia — que é amor, bondade e piedade — tem os atributos inerentes ao próprio Deus, pois é incompreensível, insondável, indizível e infinita. Contudo, das três pessoas da Santíssima Trindade, a privilegiada nessa devoção é a pessoa de Jesus Cristo, porque é ele o redentor da espécie humana. Esse lugar privilegiado de Jesus na devoção à misericórdia de Deus encontra uma profunda motivação nas palavras do evangelho segundo João: "Eu sou o caminho, a verdade e a vida. Ninguém vai ao Pai senão por mim" (14,6).

2. A *essência* dessa devoção é uma convicta e total confiança em Deus, baseada na fé, na humildade e na obediência à vontade de Deus. O segundo componente é a caridade ativa para com o próximo, isto é, a prática das obras de misericórdia: "Felizes os misericordiosos, porque alcançarão misericórdia" (Mt 5,7).

3. Os *traços* que distinguem a devoção à Divina Misericórdia daquela do Sagrado Coração articulam-se em quatro pontos:

o objeto essencial; o objeto real; a essência da devoção; e o tempo privilegiado. No que diz respeito à devoção à Divina Misericórdia, o objeto essencial é a misericórdia de Deus na Santíssima Trindade; o objeto real é a imagem de Jesus misericordioso, correspondente à visão que irmã Faustina teve em 22 de fevereiro de 1931, em Plock, em sua cela; a essência da devoção é a confiança em Deus e a misericórdia para com o próximo; o tempo privilegiado é às 15 horas de cada dia; a festa da Misericórdia é realizada no primeiro domingo depois da Páscoa. No que diz respeito à devoção do Sagrado Coração de Jesus, o objeto essencial é a pessoa do Filho de Deus encarnado, verdadeiro Deus e verdadeiro homem; o objeto real é o Coração ferido de Jesus, como atesta o quarto evangelista em seu evangelho: "[...] mas um soldado golpeou-lhe o lado com uma lança, e imediatamente saiu sangue e água [...]. Isto aconteceu para que se cumprisse a Escritura que [...] diz: 'Olharão para aquele que traspassaram'" (Jo 19,34-37). Para são João, que, aos pés da cruz, foi testemunha da morte de Jesus, é de seu coração ferido que nasce a nova humanidade, a Igreja e os seus sacramentos, a água do batismo e o sangue da Eucaristia; a essência da devoção é a reparação dos numerosos pecados da humanidade; o tempo privilegiado é a primeira sexta-feira do mês, e a festa do Sagrado Coração de Jesus é sempre celebrada na sexta-feira da semana subseqüente à festa de *Corpus Domini*.

4. As *formas* de devoção à Divina Misericórdia são cinco:
   a. A *imagem* deve ser aquela pedida por Jesus a irmã Faustina, como lhe foi mostrada na cela, em Plock, em 22 de fevereiro de 1931: Jesus estava vestido de branco, com a mão direita levantada à altura do ombro (ou sobre o ombro); a mão esquerda afastava ligeiramente a abertura da veste sobre o peito, de onde saíam dois longos raios:

um vermelho e outro branco, simbolizando o sangue e a água, como disse Jesus a irmã Faustina:

> Ambos os raios saíram do íntimo de minha misericórdia, quando, sobre a cruz, o meu coração, em agonia, foi ferido pela lança. O raio pálido representa a água, que justifica as almas; o raio vermelho representa o sangue, que é a vida das almas (*Diário*, p. 132).

Aos elementos essenciais da imagem pertencem as palavras escritas a seguir: "Jesus, confio em ti!". Jesus recordou a irmã Faustina que essas palavras deveriam ser colocadas em evidência (cf. idem, p. 138). Jesus definiu um pormenor inerente a seu olhar: "O meu olhar nesta imagem é o mesmo que eu tive na cruz" (idem, p. 140).

A imagem de Jesus misericordioso, obviamente colocada em um quadro emoldurado, *é identificada como a imagem da Divina Misericórdia, e justamente porque na paixão, morte e ressurreição de Cristo a misericórdia de Deus para com o ser humano revelou-se com total plenitude.*

Jesus também definiu com clareza três promessas ligadas à veneração da imagem: "A alma que venerar a imagem não perecerá", isto é, obterá a salvação eterna. "Prometo já sobre esta terra a vitória sobre seus inimigos" (trata-se dos inimigos da alma). "Eu mesmo a defenderei como minha própria glória, na hora da morte", isto é, a promessa de uma morte que prevê a vida eterna (cf. *Diário*, pp. 18 e 26). Mas a generosidade de Jesus misericordioso supera as três promessas, já que disse a irmã Faustina que, por meio da imagem, "[...] ofereço às pessoas o recipiente, com o qual devem tomar as graças na fonte da misericórdia" (idem, p. 141).

A imagem de Jesus misericordioso tem sua própria história. O primeiro quadro foi pintado em Wilno, em 1934, pelo pintor Eugenio Kazimirowski, segundo as indicações de irmã Faustina, que ficou um pouco decepcionada e, chorando, lamentou-se com Jesus, dizendo-lhe: "Quem te pintará tão belo como és?". Respondeu Jesus: "Nem na beleza das cores nem no pincel está a grandeza desta imagem, mas na minha graça" (idem, p. 136). Esse quadro foi exposto pela primeira vez em público e venerado no Santuário da Mãe da Misericórdia, em Ostra Brama, de 26 a 28 de abril de 1935, suscitando grande interesse entre os fiéis. As suas reproduções, durante os anos da Segunda Guerra Mundial, foram difundidas por iniciativa de padre Michele Sopocko. Hoje, esse quadro é venerado em Wilno, na igreja do Espírito Santo.

Tornou-se famoso em todo o mundo o quadro de Jesus misericordioso, pintado por Adolf Hyla, em Cracóvia, ex-voto oferecido pela incolumidade de sua família durante a guerra. Esse grande quadro, que não entrava no altar da capela das irmãs da bem-aventurada virgem Maria da Misericórdia, foi benzido em 7 de março de 1943 e colocado no santuário de Cracóvia, onde é venerado.

Para a capela das irmãs de Cracóvia-Lagiewniki, a madre superiora, Irene Krzyzanowska, solicitou ao pintor Adolf Hyla um quadro de dimensões adaptadas. Assim, no domingo *in albis* do dia 16 de abril de 1944, foi solenemente celebrada na capela das irmãs a festa em louvor à Divina Misericórdia, pelo padre jesuíta Giuseppe Andrasz, que benzeu o novo quadro, o qual tem como fundo um prado de arbustos. Em 1954, o mesmo pintor repintou o fundo do quadro com uma cor escura e pintou um pavimento sob os pés de Jesus. As reproduções desse quadro foram difundidas em todo lugar possível. Assim, realizou-se o desejo de Jesus expresso a irmã Faustina em sua primeira

aparição em Plock: "Desejo que esta imagem seja venerada primeiro na vossa capela e depois no mundo inteiro" (idem, p. 26).
b. A *festa da Divina Misericórdia* é a mais importante de todas as formas dessa devoção. Jesus exprimiu pela primeira vez este desejo a irmã Faustina em Plock, em 1931, quando comandou a pintura da própria imagem: "Desejo que haja uma festa da Misericórdia. Quero que a imagem, que será pintada com pincel, seja solenemente benzida no primeiro domingo depois da Páscoa; nesse domingo deve ser a festa da Misericórdia" (*Diário*, p. 27). Nos anos seguintes, Jesus fez esse pedido a irmã Faustina em 14 aparições, definindo a preparação da festa e a própria festa nos mínimos detalhes. O dia escolhido é, portanto, o primeiro domingo depois da Páscoa, que significa a estreita ligação existente entre o mistério pascal da redenção e o mistério da Divina Misericórdia para com a humanidade.

O próprio Jesus evidenciou a razão pela qual quis essa festa: "As almas se perdem apesar de minha dolorosa Paixão [...]. Se não adorarem a minha misericórdia, perecerão para sempre" (idem, p. 345).

A preparação para a festa da Divina Misericórdia consiste em uma novena: todo dia, a começar na Sexta-Feira Santa, recita-se a prece à Divina Misericórdia. A essa novena estão ligadas muitas graças: "O Senhor me disse para recitar essa prece por nove dias antes da festa da Misericórdia". Além disso, Jesus disse a irmã Faustina: "Durante essa novena, concederei às almas, generosamente, graças de todo tipo" (cf. idem, pp. 293-294).

A maneira de celebrar a festa da Misericórdia foi indicada pelo próprio Jesus, ao exprimir a irmã Faustina dois desejos:

que o quadro–símbolo de Jesus misericordioso fosse exposto ao público e solenemente benzido e liturgicamente venerado; que os sacerdotes falassem aos fiéis da grande e insondável Misericórdia Divina e desse modo despertassem a confiança na alma de todos (cf. idem, p. 227).

A grandeza da festa da Divina Misericórdia é demonstrada pelas promessas de Jesus: "Naquele dia, quem se aproximar da fonte da vida conseguirá a remissão total das culpas e das penas" (idem, p. 132). Uma graça particular está ligada à comunhão recebida de modo digno naquele mesmo dia, isto é, a remissão total das culpas e castigos. A confissão, no entanto, pode ser feita alguns dias antes. O importante é não ter pecados na consciência, isto é, estar na graça de Deus.

O diretor espiritual de irmã Faustina, padre Michele Sopocko, empenhou-se muito para que a festa da Divina Misericórdia fosse instituída na Igreja. Mas, infelizmente, não viveu o bastante para ver a sua introdução. Dez anos depois de sua morte, por ocasião da Quaresma de 1985, o cardeal Franzciszek Macharski, com a sua carta pastoral, introduziu essa festa na diocese de Cracóvia. Nos anos seguintes, a exemplo dele, os bispos de outras dioceses da Polônia fizeram o mesmo.

No santuário de Jesus misericordioso de Cracóvia-Lagiewniki, a festa já se realizava em 1944. Os fiéis que dela participavam eram tão numerosos, que a Congregação das Irmãs da Bem-Aventurada Virgem Maria da Misericórdia, em 1951, obteve do cardeal Adam Sapieha a concessão da indulgência plenária por sete anos.

c. A *coroazinha à Divina Misericórdia* foi ditada por Jesus à irmã Faustina nos dias 13 e 14 de setembro de 1935, em Wilno. O próprio Senhor mais uma vez lhe ensinou a recitar a oração (cf. *Diário*, pp. 192-193).

Ao explicar o conteúdo da prece, disse:

> [...] recitando a prece, unimo-nos na oferta de Jesus feita sobre a cruz "em expiação dos nossos pecados e daqueles do mundo inteiro". Nela oferecemos a Deus Pai o seu amadíssimo Filho e, portanto, apelamos para o "motivo mais forte para sermos atendidos por Deus" [...]. A recitação desta oração é também um ato de misericórdia, já que pedimos "a misericórdia para nós e para o mundo inteiro".

O pronome "nós" refere-se à pessoa que recita a oração e àquelas pelas quais reza. Já "o mundo inteiro" significa todos os habitantes da terra e as almas que pagam a sua pena no purgatório. Por isso, nessa prece, seja destinada à recitação comunitária, seja àquela individual, não é preciso mudar nem as pessoas dos verbos, nem acrescentar outras palavras.

À recitação da prece à Divina Misericórdia, Jesus ligou algumas promessas, quando disse a irmã Faustina:

> Minha filha, exorta as almas à recitação da coroazinha que te dei. Pela recitação dessa coroazinha agrada-me conceder tudo aquilo que me pedem. Se a recitarem pecadores empedernidos, encherei de paz a alma deles e a hora de sua morte será serena [...] (idem, p. 508).

Em outra oportunidade, disse-lhe: "Com ela obterás tudo, se aquilo que pedires estiver conforme a minha vontade" (idem, p. 568).

Outras promessas particulares dizem respeito à hora da morte: "Quem a recitar, obterá muita misericórdia na hora da morte. [...]. Mesmo que se trate do pecador mais empedernido, se recitar essa prece uma única vez, obterá graça na minha infinita misericórdia" (idem, p. 263).

Obviamente, a coroazinha deve ser recitada com as disposições interiores requeridas por Jesus, isto é, com confiança, humildade, dor pelos pecados cometidos e dócil aceitação da vontade de Deus. A mesma graça de conversão e remissão dos pecados será concedida aos agonizantes, se uma ou mais pessoas próximas à sua cabeceira recitarem a prece. Como prometeu Jesus: "Quando esta prece é recitada próximo a um agonizante, aplaca-se a ira de Deus e a inescrutável misericórdia envolve a alma" (idem, p. 297). Jesus exortou também os sacerdotes a aconselhar essa prece às pessoas, dizendo: "Os sacerdotes a aconselharão aos pecadores como última tábua de salvação [...]" (idem, p. 263). O texto da prece à Divina Misericórdia já era conhecido antes da Segunda Guerra Mundial, quando irmã Faustina ainda estava viva. Graças ao zelo do reverendo padre Michele Sopocko, foi impresso no verso da pequena imagem de Jesus misericordioso e no pequeno volume *Cristo Re di misericordia* [Cristo Rei de misericórdia], publicado em 1937 por J. Cebulski, de Cracóvia. Nesse livrinho, cuja capa apresentava Jesus misericordioso e a frase: "Jesus, confio em ti!", além da prece havia também o texto das invocações à Divina Misericórdia (cf. idem, pp. 340-341) e a novena que Jesus havia ordenado a irmã Faustina escrever e depois fazer, antes da festa da Divina Misericórdia:

> Desejo que, durante esses nove dias, tu conduzas as almas à fonte de minha misericórdia, a fim de que alcancem força, refrigério e toda graça de que tenham necessidade para as dificuldades da vida e especialmente na hora da morte. Todos os dias conduzirás ao meu coração um grupo diferente de almas e as mergulharás no oceano de minha misericórdia. Eu introduzirei todas essas almas na casa de meu Pai. Isso farás nesta vida e na vida futura. Não recusarei nada a nenhuma alma que conduzires à fonte de minha misericórdia. Todos os dias pedirás ao meu Pai graças para essas almas, em nome da minha dolorosa Paixão.

Irmã Faustina recorda em seu *Diário* que disse ao misericordioso: "Jesus, não sei como fazer essa novena e quais almas introduzir antes em teu misericordiosíssimo coração. E Jesus me respondeu que diria, a cada dia, quais almas eu deveria introduzir em seu coração".
A essa ordem de Jesus segue-se então a novena, do primeiro ao nono dia (cf. idem, pp. 404-410). Com essa novena, desejada por Jesus, e que precede a festa da Divina Misericórdia, recita-se também a prece durante nove dias, a qual se encontra no *Diário* de irmã Faustina (pp. 193-194), adicionada de graças gerais e particulares por parte de Jesus.

d. A *hora da Misericórdia* está estreitamente ligada às três horas da tarde e deve ser dirigida a Jesus. É a hora em que ele morreu na cruz, momento por ele mesmo definido como "[...] de grande misericórdia pelo mundo inteiro" (*Diário*, p. 440); "Nessa hora", disse sucessivamente, "foi dada graça ao mundo inteiro; a misericórdia venceu a justiça" (idem, p. 517). Jesus ensinou a irmã Faustina como celebrar essa hora, recomendando-lhe a invocação da misericórdia de Deus para todo o mundo, especialmente para os pecadores, e a meditação de sua Paixão, sobretudo o abandono sofrido na agonia sobre a cruz, prometendo a graça de fazer compreender o seu valor.

Aconselhou irmã Faustina assim:

> Nessa hora, busca fazer a via-sacra se os teus empenhos o permitirem; se não puderes, entra pelo menos por um momento na capela e louva o meu coração, que no Santíssimo Sacramento está cheio de misericórdia. Se não puderes ir à capela, recolhe-te em oração pelo menos por um breve momento, onde estiveres (idem, p. 517). Nessa hora, não recusarei nada à alma que orar a mim em nome da minha Paixão (idem, p. 440).

e. A *difusão do culto da Divina Misericórdia* pertence também às formas de devoção ressaltadas por Jesus. Em 28 de janeiro de 1938, de fato, Jesus disse a irmã Faustina:

> Minha filha, escreve estas palavras: "Todas as almas que adorarem a minha misericórdia e difundirem o seu culto, exortando outras almas à confiança na minha misericórdia, essas almas, na hora da morte, não terão medo. A minha misericórdia as protegerá nessa última luta" [...] (*Diário*, p. 508).

A todos, então, foram feitas duas promessas: a proteção durante a vida e a proteção na hora da morte.

Um particular convite é dirigido, por parte de Jesus, aos sacerdotes por meio de irmã Faustina: "Diga aos meus sacerdotes que os pecadores empedernidos ficarão enternecidos com suas palavras, quando eles falarem de minha misericórdia sem fim e da compaixão que tenho por eles em meu coração [...]" (idem, p. 504).

A espiritualidade, da qual irmã Faustina é mensageira, envolve hoje de modo providencial muitos homens e muitas mulheres de boa vontade que, com a sua adesão ao Evangelho, no espírito de confiança em Deus e de misericórdia para com o próximo, testemunham a toda a humanidade que o caminho para encontrar a paz verdadeira é abandonar-se com confiança à Divina Misericórdia.

# APÊNDICE

Carta encíclica *Dives in misericordia*, de João Paulo II[10]

*Parte V – O mistério pascal – nn. 7-9*

## 7. *A misericórdia revelada na cruz e na ressurreição*

A mensagem messiânica de Cristo e a sua atividade entre os homens terminam com a cruz e a ressurreição. Se quisermos exprimir totalmente a verdade acerca da misericórdia, com aquela totalidade com que ela foi revelada na história da nossa salvação, devemos penetrar de maneira profunda nesse acontecimento final que, especialmente na linguagem conciliar, é definido como *mysterium paschale* (mistério pascal). Chegados a este ponto das nossas considerações, é preciso que nos aproximemos ainda mais do conteúdo da encíclica *Redemptor Hominis*. Com efeito, se a realidade da redenção, na sua dimensão humana, revela a grandeza inaudita do homem que *talem ac tantum meruit habere Redemptorem* (tal e tão grande Redentor mereceu ter), ao mesmo tempo, a *dimensão divina da redenção* permite-nos descobrir, poderíamos dizer, de modo mais empírico e "histórico",

---

[10] Publicada em 30 de novembro de 1980.

a profundidade daquele amor que não retrocede diante do extraordinário sacrifício do Filho, para satisfazer à fidelidade do criador e pai para com os homens, criados à sua imagem e semelhança e escolhidos neste mesmo Filho desde o "princípio", para a graça e a glória.

Os acontecimentos de sexta-feira santa e, ainda antes, a oração no Getsêmani introduzem uma mudança fundamental em todo o processo da revelação do amor e da misericórdia, na missão messiânica de Cristo. Aquele que "passou fazendo o bem e curando a todos" (At 10,38) e "sanando toda espécie de doenças e enfermidades" (Mt 9,35) mostra-se ele próprio, agora, digno da maior misericórdia e parece apelar *para a misericórdia*, quando é preso, ultrajado, condenado, flagelado, coroado de espinhos, quando é pregado na cruz e expira em meio a sofrimentos atrozes (cf. Mc 15,37; Jo 19,30). É então que ele se apresenta particularmente digno da misericórdia dos homens a quem fez o bem, e não a recebe. Até aqueles que lhe são mais próximos não o sabem proteger e arrancar da mão dos seus opressores. Nesta fase final do desempenho da função messiânica cumprem-se em Cristo as palavras dos profetas e sobretudo as de Isaías, proferidas a respeito do servo de Javé: "Fomos curados nas suas chagas" (Is 53,5).

Cristo, enquanto homem, que sofre realmente e de modo terrível no jardim das Oliveiras e no Calvário, dirige-se ao Pai, àquele Pai cujo amor ele pregou aos homens e de cuja misericórdia deu testemunho com todo o seu agir. Mas não lhe é poupado, nem sequer a ele, o tremendo sofrimento da morte na cruz: "Àquele que não conhecera o pecado, Deus tratou-o por nós como pecado" (2Cor 5,21), escreveria são Paulo, resumindo em poucas palavras toda a profundidade do mistério da cruz e, ao mesmo tempo, a dimensão divina da realidade da redenção. É precisamente essa redenção a última e definitiva revelação da santidade de Deus, que é a plenitude absoluta da perfeição: plenitude da justiça e do amor, pois a justiça funda-se no amor, dele promana e para ele tende. Na paixão e morte de Cristo — o fato de o Pai não ter poupado o seu próprio Filho, mas "o ter tratado como pecado por nós" —, exprime-se a justiça absoluta, porque Cristo sofre a paixão e a cruz por causa dos pecados da humanidade. Mais ainda, há na verdade uma "superabundância" de justiça, porque os pecados do homem são "compensados" pelo sacrifício do homem-Deus. Contudo, esta justiça, que é propriamente justiça "à medida" de Deus, nasce toda ela do amor, do amor do Pai e do Filho, e frutifica inteiramente no amor. Precisamente por isso, a justiça divina revelada na cruz de Cristo é "à medida" de Deus, porque nasce do amor e se realiza no amor, produzindo frutos de salvação. A *dimensão divinal da redenção* não se verifica somente no fato de ela ter feito justiça pelo pecado, mas também no fato de ela ter restituído ao homem o amor, aquela força criativa, graças à qual ele tem novamente acesso à plenitude de vida e de santidade, que provém de Deus. Deste modo, a redenção traz em si a revelação da misericórdia na sua plenitude.

O mistério pascal é o ponto culminante dessa revelação e atuação da misericórdia, que é capaz de justificar o homem, de restabelecer a justiça como realização daquele desígnio salvífico que Deus, desde o princípio, tinha querido realizar no homem e, por meio do homem, no mundo. Cristo, ao sofrer, fala de modo particular ao homem e não apenas ao homem crente. Mesmo o homem que não crê poderá descobrir nele a eloqüência da solidariedade com o destino humano, bem como a harmoniosa plenitude de uma dedicação desinteressada à causa do homem, à verdade e ao amor. A dimensão divina do mistério pascal, todavia, situa-se numa profundidade maior ainda. *A cruz* erguida sobre o Calvário, na qual Cristo mantém o seu último diálogo com o Pai, *emerge do próprio núcleo daquele amor*, com o qual o homem, criado à imagem e semelhança de Deus, foi gratuitamente beneficiado, de acordo com o eterno desígnio divino. Deus, tal como Cristo o revelou, não permanece apenas em estreita relação com o mundo, como criador e fonte última da existência. Ele é também Pai: está unido ao homem, por ele chamado à existência no mundo visível, mediante um vínculo ainda mais profundo do que o da criação. É o amor que não só cria o bem, mas faz com que se participe da própria vida de Deus: Pai, Filho e Espírito Santo. Efetivamente, quem ama deseja dar-se a si próprio.

A cruz de Cristo sobre o Calvário surge *no caminho* daquele *admirabile commercium*, daquela *comunicação admirável de Deus ao homem* que encerra, ao mesmo tempo, *o chamado* dirigido ao homem para que, dando-se a si mesmo a Deus e oferecendo consigo todo o mundo visível, participe da vida divina e, como filho adotivo se torne participante da verdade e do amor que estão em Deus e provêm de Deus. No caminho da eterna eleição do homem para a dignidade de filho adotivo de Deus, surge na história a cruz de Cristo, Filho unigênito, que, como "Luz da Luz, Deus verdadeiro de Deus verdadeiro" (símbolo niceno-constantinopolitano), veio para dar o último testemunho da admirável *aliança de Deus com a humanidade, de Deus com o homem*: com todos e com cada um dos homens. Essa aliança tão antiga como o homem — pois remonta ao próprio mistério da criação, e foi restabelecida depois de muitas vezes com o único povo eleito — é igualmente nova e definitiva aliança; ela ficou estabelecida ali, no Calvário, e não é limitada a um único povo, a Israel, mas aberta a todos e a cada um.

Que nos diz pois a cruz de Cristo que é, em certo sentido, a última palavra da sua mensagem e da sua missão messiânica? Entretanto, esta não é ainda a última palavra do Deus da

Aliança: esta será pronunciada naquela madrugada, quando, primeiro as mulheres e depois os apóstolos, ao chegarem ao sepulcro de Cristo crucificado, vão encontrá-lo vazio, ouvindo pela primeira vez este anúncio: "Ele ressuscitou". Depois, repetirão aos outros tal anúncio e serão testemunhas de Cristo ressuscitado. No entanto, mesmo na glorificação do Filho de Deus, continua a estar presente a cruz que, por meio de todo o testemunho messiânico do homem-Filho que nela morreu, *fala e não cessa de falar de Deus-Pai, que é absolutamente fiel ao seu eterno amor para com o homem,* pois que "amou tanto o mundo — e, portanto, o homem no mundo — que deu seu Filho unigênito, para que todo aquele que nele crer não pereça, mas tenha a vida eterna" (Jo 3,16). Crer no Filho crucificado significa "ver o Pai" (cf. Jo 14,9), significa crer que o amor está presente no mundo e que esse amor é mais forte do que toda espécie de mal em que o homem, a humanidade e o mundo estão envolvidos. Crer nesse amor significa *acreditar na misericórdia.* Esta é, de fato, a dimensão indispensável do amor, é como o seu segundo nome e, ao mesmo tempo, o modo específico da sua revelação e atuação defronte à realidade do mal que existe no mundo, que assedia e atinge o homem, que se insinua mesmo no seu coração e o "pode fazer perecer na Geena" (Mt 10,28).

## 8. *Amor mais forte do que a morte, mais forte do que o pecado*

A cruz de Cristo sobre o Calvário é também testemunha da força do mal em relação ao próprio Filho de Deus: em relação àquele que, único dentre todos os filhos dos homens, era por sua natureza absolutamente inocente e livre do pecado, e cuja vinda ao mundo foi isenta da desobediência de Adão e da herança do pecado original. E eis que precisamente nele, em Cristo, é feita justiça do pecado à custa do seu sacrifício, da sua obediência "até a morte" (Fl 2,8). Aquele que não tinha pecado, "Deus o fez pecado por causa de nós" (2Cor 5,21). Fez-se justiça também da morte que, desde o início da história do homem, se tinha aliado ao pecado. E fez-se justiça da morte à custa da morte daquele que era sem pecado e o único que podia, mediante a própria morte, infligir a morte à morte (cf. 1Cor 15,54-55). Deste modo, *a cruz de Cristo*, na qual o Filho consubstancial ao Pai presta *plena justiça a Deus*, é também *uma revelação radical da misericórdia*, ou seja, do amor que se opõe àquilo que constitui a própria raiz do mal na história do homem: opõe-se ao pecado e à morte.

A cruz é o modo mais profundo de a divindade se debruçar sobre a humanidade e sobre tudo aquilo que o homem — especialmente nos momentos difíceis e dolorosos — considera o seu próprio destino infeliz. A cruz é como um toque do amor eterno nas feridas mais dolorosas da existência terrena do homem, é o cumprir-se cabalmente do programa messiânico, que Cristo um dia tinha formulado na sinagoga de Nazaré (cf. Lc 4,18-21) e que repetiu depois diante dos enviados de João Batista (cf. Lc 7,20-23). Segundo as palavras escritas, havia muito tempo, na profecia de Isaías (cf. 35,5; 61,1-3), este programa consistia na revelação do amor misericordioso para com os pobres, os que sofrem, os prisioneiros, os cegos, os oprimidos e os pecadores. No mistério pascal, superam-se as barreiras do mal multiforme de que o homem se torna participante durante a existência terrena. Com efeito, a cruz de Cristo faz-nos compreender as mais profundas raízes do mal que mergulham no pecado e na morte, e também ela se torna um sinal escatológico. Será somente na realização escatológica e na definitiva renovação do mundo que *o amor vencerá, em todos os eleitos, os germes mais profundos do mal*, produzindo como fruto plenamente maduro o reino da vida, da santidade e da imortalidade gloriosa. O fundamento desta realização escatológica está contido na cruz de Cristo e na sua morte. O fato de Cristo "ter ressuscitado ao terceiro dia" (1Cor 15,4) constitui o sinal que indica a conclusão da missão messiânica, sinal que coroa toda a revelação do amor misericordioso no mundo, submetido ao mal. Tal fato constitui, ao mesmo tempo, o sinal que preanuncia "um novo céu e uma nova terra" (Ap 21,1), quando Deus "enxugará todas as lágrimas dos seus olhos; e não haverá mais morte, nem pranto, nem gemido, nem dor, porque as coisas antigas terão passado" (Ap 21,4).

Na realização escatológica, a misericórdia revelar-se-á como amor, enquanto na temporalidade, na história humana, que é conjuntamente uma história de pecado e de morte, o amor deve revelar-se sobretudo como misericórdia e ser exercido como tal. O programa messiânico de Cristo — programa tão impregnado de misericórdia — torna-se o programa de seu povo, da Igreja. No centro desse programa está sempre a cruz, porque nela a revelação do amor misericordioso atinge o seu ponto culminante. Enquanto não passarem as coisas antigas, a cruz permanecerá como aquele "lugar", a que se poderiam referir ainda outras palavras do apocalipse de são João: "Eis que estou à porta e bato. Se alguém ouvir a minha voz e me abrir a porta, entrarei em sua casa e cearemos juntos, eu com ele e ele comigo" (Ap 3,20). Deus revela também, de modo particular, a sua misericórdia, quando *solicita o homem*, por assim dizer, a exercitar *a "misericórdia" para com o seu próprio Filho,* para com o *Crucificado.*

Cristo, precisamente como Crucificado, é o Verbo que não passa (cf. Mt 24,35), é o que está à porta e bate ao coração de cada homem (cf. Ap 3,20), sem restringir a sua liberdade, mas procurando fazer irromper dessa mesma liberdade o amor; um amor que é não apenas ato de solidariedade para com o Filho do homem que sofre, mas também, de certo modo, uma forma de "misericórdia", manifestada a cada um de nós para com o filho do Pai Eterno. Porventura, em todo este programa messiânico de Cristo, em toda esta revelação de misericórdia mediante a cruz, poderia ser mais elevada e respeitada a dignidade do homem, dado que este, beneficiando-se da misericórdia, é também, em certo sentido, aquele que, ao mesmo tempo, "exercita a misericórdia"?

Em última análise, não é acaso esta a posição que toma Cristo em relação ao homem, quando diz: "Sempre que fizestes isto a um destes meus irmãos [...] foi a mim que o fizestes!" (Mt 25,40). As palavras do sermão da montanha — "Bem-aventurados os misericordiosos, porque alcançarão misericórdia" (Mt 5,7) — não constituem, em certo sentido, uma síntese de toda a Boa-Nova, de todo o "admirável intercâmbio" (*admirabile commercium*) nela contido, que é uma lei simples, forte e ao mesmo tempo "suave", da *própria economia da salvação*? Estas palavras do sermão da montanha, mostrando desde o ponto de partida as possibilidades do "coração humano" ("ser misericordiosos"), não revelarão talvez, segundo a mesma perspectiva, o profundo mistério de Deus, isto é, aquela imperscrutável unidade do Pai, do Filho e do Espírito Santo, em que o amor, contendo a justiça, dá origem à misericórdia, a qual, por sua vez, revela a perfeição da justiça?

O mistério pascal é Cristo no momento mais alto da revelação do imperscrutável mistério de Deus. É precisamente então que se verificam plenamente as palavras pronunciadas no cenáculo: "Quem me vê vê o Pai" (Jo 14,9). De fato, Cristo a quem o Pai "não poupou" (Rm 8,32) em favor do homem e que na sua paixão e no suplício da cruz não encontrou a misericórdia humana, na sua ressurreição revelou a plenitude daquele amor que o Pai nutre para com ele e, nele, para com todos os homens. Este Pai "não é Deus de mortos, mas de vivos!" (Mc 12,27). Na sua ressurreição Cristo *revelou o Deus do amor misericordioso*, precisamente porque *aceitou a Cruz como caminho para a ressurreição*. É por isso que, quando lembramos a cruz de Cristo, a sua paixão e morte, a nossa fé e a nossa esperança se centralizam nele ressuscitado: naquele mesmo Cristo, aliás, que "na tarde desse dia, que era o primeiro da semana... se pôs no meio deles" no Cenáculo, *onde se encontravam juntos os discípulos... soprou sobre eles e lhes disse: "Recebei o Espírito Santo. Àqueles a quem perdoardes os pecados, ser-lhes-ão perdoados e àqueles a quem os retiverdes, ser-lhes-ão retidos" (cf. Jo 20,19-23)*.

Este é o Filho de Deus que na sua ressurreição experimentou em si, de modo radical, a misericórdia, isto é, o amor do Pai, que é *mais forte do que a morte*. Ele é também o mesmo Cristo, Filho de Deus, que no termo — e, em certo sentido, já para além do termo — da sua missão messiânica, se revela a si mesmo como fonte inexaurível da misericórdia, daquele amor que, na perspectiva ulterior da história da salvação na Igreja, deve perenemente demonstrar-se *mais forte do que o pecado*. Cristo pascal é a encarnação definitiva da misericórdia, o seu sinal vivo: histórico-salvífico e, ao mesmo tempo, escatológico. Neste mesmo espírito a liturgia do tempo pascal coloca em nossos lábios as palavras do salmo: "Cantarei para sempre as misericórdias do Senhor" (cf. Sl 89,2).

## 9. A Mãe da misericórdia

Neste cântico pascal da Igreja repercutem, com a plenitude do seu conteúdo profético, aquelas palavras que Maria pronunciou durante a visita que fez a Isabel, esposa de Zacarias: "A sua misericórdia estende-se de geração em geração" (Lc 1,50). Tais palavras, já desde o momento da encarnação, abrem uma nova perspectiva da história da salvação. Após a ressurreição de Cristo, essa perspectiva nova passa para o plano histórico e, ao mesmo tempo, reverte-se de sentido escatológico. Desde esse momento se sucedem sempre novas gerações de homens na imensa família humana, em dimensões sempre crescentes; sucedem-se também novas gerações do povo de Deus, assinaladas pelo sinal-da-cruz e da ressurreição, e "sigiladas" (cf. 2Cor 1,21-22) com o sinal do mistério pascal de Cristo, revelação absoluta daquela misericórdia que Maria proclamou à entrada da casa da sua prima: "A sua misericórdia estende-se de geração em geração" (Lc 1,50).

Maria é também a pessoa que, de modo particular e excepcional, como ninguém mais, experimentou a misericórdia e, ao mesmo tempo e ainda de modo excepcional, tornou possível com o sacrifício do coração a própria participação na revelação da Misericórdia Divina. Este seu sacrifício está intimamente ligado à cruz do seu Filho aos pés da qual ela haveria de encontrar-se no Calvário. Tal sacrifício de Maria é uma singular participação no revelar-se da misericórdia, isto é, da fidelidade absoluta de Deus ao próprio amor, à aliança que ele quis desde toda a eternidade e que realizou no tempo com o homem, com o povo e com a humanidade. É a participação naquela revelação que se realizou definitivamente mediante a cruz. *Ninguém jamais experimentou, como a mãe do Crucificado*, o mistério da cruz, o impressionante encontro da transcendente justiça divina com o amor, aquele "ósculo" dado pela misericórdia à justiça (cf. Sl 85,11). Ninguém como Maria acolheu alguma vez tão profundamente no coração tal mistério, no qual se verifica a dimensão verdadeiramente divina da redenção, que se realizou no Calvário mediante a morte do seu Filho, com o sacrifício do seu coração de mãe, com o seu definitivo "fiat".

Maria, portanto, é aquela *pessoa que conhece mais a fundo o mistério da Misericórdia Divina*. Conhece o seu preço e sabe quanto ele é elevado. Neste sentido nós lhe chamamos também *Mãe de misericórdia,* Nossa Senhora da Misericórdia ou Mãe da Divina Misericórdia. Em cada um desses títulos, há um profundo significado teológico, porque eles exprimem a particular preparação da sua alma, de toda a sua pessoa, para poder ver, primeiro, através dos complexos acontecimentos de Israel e, depois, daqueles que dizem respeito a cada um dos homens e à humanidade inteira, aquela misericórdia da qual todos se tornam participantes, segundo o eterno desígnio da santíssima Trindade, "de geração em geração" (Lc 1,50).

Mas esses títulos que atribuímos à mãe de Deus falam dela sobretudo como mãe do Crucificado e do Ressuscitado. Com efeito, *ela, tendo experimentado a misericórdia de modo excepcional*, "merece" igualmente *tal misericórdia* durante toda a sua vida terrena e, de modo particular, aos pés da cruz do Filho; e depois, tais títulos dizem-nos que ela, por meio da participação escondida e, ao mesmo tempo, incomparável na missão messiânica de seu Filho, foi chamada, de modo especial, para tornar próximo dos homens aquele amor que o Filho tinha vindo revelar; amor que encontra a mais concreta manifestação para com os que sofrem, os pobres, os que estão privados da própria liberdade, os cegos, os oprimidos e os pecadores, conforme Cristo explicitou atendo-se à profecia de Isaías ao falar na sinagoga de Nazaré (cf. Lc 4,18) e, num momento sucessivo, ao responder à pergunta dos enviados de João Batista (cf. Lc 7,22).

Era deste amor "misericordioso", precisamente, o qual se manifesta sobretudo em contato com o mal moral e físico, que participava de modo singular e excepcional o coração daquela que foi a mãe do Crucificado e do Ressuscitado. Sim, Maria participava de tal amor; e nela e por meio dela o mesmo amor não cessa de revelar-se na história da Igreja e da humanidade. Essa revelação é particularmente frutuosa, porque se funda, tratando-se da Mãe de Deus, na singular percepção do seu coração materno, na sua sensibilidade particular, na sua especial capacidade para atingir todos aqueles *que aceitam mais facilmente o amor misericordioso da parte de uma mãe*. Este é um dos grandes e vivificantes mistérios do cristianismo, mistério muito intimamente ligado ao mistério da encarnação.

"Esta maternidade de Maria na economia da graça — diz o Concílio Vaticano II — perdura sem interrupção, a partir do consentimento que ela deu com a sua fé, na anunciação, e que manteve sem vacilar junto à cruz, até a consumação final de todos os eleitos. De fato, depois de elevada ao céu, ela não abandonou esta missão salutar, mas, por sua multiforme intercessão, continua a alcançar-nos os dons da salvação eterna. Com o seu amor de mãe, cuida dos irmãos de seu Filho, que ainda peregrinam e se debatem entre perigos e angústias, até que sejam conduzidos à pátria bem-aventurada" (*Lumen gentium*, 62).

## Novena à Divina Misericórdia

A novena à Divina Misericórdia é recitada em preparação à festa da Divina Misericórdia, todo os dias a partir da Sexta-Feira Santa até o sábado anterior à própria festa, que é celebrada no primeiro domingo depois da Páscoa. A respeito dessa novena, Jesus disse que quem a faz obterá "graças de todo tipo", com a condição de que se confesse e exprima, com a própria vida, confiança em Deus e pratique atos de caridade para com o próximo.

O *Diário* de santa Faustina nos permite conhecer as razões pelas quais Jesus pediu esta oração:

> Todos os dias conduzirás ao meu coração um grupo diferente de almas e as mergulharás no oceano de minha misericórdia. Eu introduzirei todas essas almas na casa de meu Pai. Isso farás nesta vida e na vida futura. Não recusarei nada a nenhuma

alma que conduzires à fonte de minha misericórdia. Todos os dias pedirás ao meu Pai as graças para essas almas, em nome da minha dolorosa paixão.

A novena pode ser feita tanto em preparação à festa da Divina Misericórdia quanto quando se deseja manifestar a própria devoção à Divina Misericórdia ou pedir alguma graça particular. As condições indicadas pela Igreja para exercitar adequadamente essa devoção são: a confissão, a recitação da novena por nove dias consecutivos e a participação cotidiana no sacrifício eucarístico.

## Primeiro dia

Em nome do Pai e do Filho e do Espírito Santo. Amém.
"Ó Deus, vem me salvar.
Senhor, vem depressa em meu socorro."

## Oremos

**Glória-ao-pai.**
**Creio**
Creio em Deus Pai todo-poderoso, criador do céu e da terra; e em Jesus Cristo, seu único Filho, nosso Senhor, que foi concebido pelo poder do Espírito Santo; nasceu da virgem Maria, padeceu sob Pôncio Pilatos, foi crucificado, morto e sepultado; desceu à mansão dos mortos; ressuscitou ao terceiro dia; subiu aos céus; está sentado à direita de Deus Pai todo-poderoso, donde há de vir a julgar os vivos e os mortos. Creio no Espírito Santo, na santa Igreja católica, na comunhão dos santos, na remissão dos pecados, na ressurreição da carne, na vida eterna. Amém!

"Hoje, conduze a mim toda a humanidade e, especialmente, todos os pecadores e mergulha-os no oceano de minha misericórdia [...]. Com isso me consolarás da amarga tristeza que me dá a perda das almas."

Jesus misericordiosíssimo, cuja prerrogativa é ter compaixão de nós e nos perdoar, não olhar os nossos pecados, mas a confiança que temos em tua infinita bondade, acolhe-nos na morada de teu piedosíssimo coração e não nos deixes dali sair por toda a eternidade. Nós te suplicamos pelo amor que te une ao Pai e ao Espírito Santo.

Ó onipotência da Divina Misericórdia,
refúgio para o homem pecador,
tu, que és misericórdia
e um oceano de compaixão,
ajuda quem te invoca com humildade.

Eterno Pai, olha com olhos de misericórdia especialmente os pobres pecadores e toda a humanidade, que está dentro do piedosíssimo coração de Jesus. Pela sua dolorosa paixão, mostra-nos a tua misericórdia, a fim de que, por todos os séculos, possamos exaltar a onipotência da tua misericórdia. Amém!

## Segundo dia

Em nome do Pai e do Filho e do Espírito Santo. Amém.
"Ó Deus, vem me salvar.
Senhor, vem depressa em meu socorro."

*Oremos*

**Glória-ao-pai.**
**Creio**
"Hoje, conduze a mim a alma dos sacerdotes e a alma dos religiosos e mergulha-as na minha insondável misericórdia. Eles me deram forças para superar a amarga paixão. Por meio deles,

como por meio de canais, a minha misericórdia desce sobre a humanidade."

Misericordiosíssimo Jesus, do qual provém todo o bem, aumenta em nós a graça, a fim de que façamos obras de misericórdia para que aqueles, que nos observam, louvem ao Pai da misericórdia, que está nos céus.

A fonte do amor de Deus
hospeda-se nos corações límpidos,
purificados no oceano da misericórdia,
luminosos como as estrelas,
claros como a aurora.

Eterno Pai, olha com os olhos de tua misericórdia a multidão eleita para a tua vinha, a alma dos sacerdotes e a alma dos religiosos e doa-lhes o poder de tua bênção. Pelos sentimentos do coração do teu Filho, o coração em que todos eles estão, concede-lhes o poder da tua luz, a fim de que possam guiar os outros no caminho da salvação, de maneira que possam cantar juntos, por toda a eternidade, os louvores da tua misericórdia infinita. Amém!

## *Terceiro dia*

Em nome do Pai e do Filho e do Espírito Santo. Amém.
"Ó Deus, vem me salvar.
Senhor, vem depressa em meu socorro."

## *Oremos*

**Glória-ao-pai.**
**Creio**
"Hoje, conduze a mim todas as almas devotas e fiéis e mergulha-as no oceano da minha misericórdia. Essas almas que me

confortaram ao longo da estrada do Calvário foram uma gota de conforto em um mar de amargura."

Ó Jesus misericordiosíssimo, que doas generosamente a todos, em grande abundância, as tuas graças do tesouro de tua misericórdia, acolhe-nos na morada de teu piedosíssimo coração e não nos faças dele sair por toda a eternidade. Nós te suplicamos pelo inefável amor no qual o teu coração arde pelo Pai celeste.

São inescrutáveis
as maravilhas de tua misericórdia;
não conseguem tocá-las
nem o pecador nem o justo.
A todos diriges olhares de compaixão
e dás a todos o teu amor.

Eterno Pai, olha com olhos de misericórdia para as almas fiéis. Como herança de teu Filho e por sua dolorosa paixão, concede-lhes a tua bênção e acompanha-as com a tua proteção incessante, a fim de que não percam o amor e o tesouro da santa fé, mas com toda a multidão dos anjos e dos santos glorifiquem a tua ilimitada misericórdia, pelos séculos dos séculos. Amém!

## Quarto dia

Em nome do Pai e do Filho e do Espírito Santo. Amém.
"Ó Deus, vem me salvar.
Senhor, vem depressa em meu socorro."

## Oremos

**Glória-ao-pai.**
**Creio**

"Hoje, conduze a mim os pagãos e aqueles que ainda não me conhecem. Também neles pensei em minha amarga paixão;

o futuro zelo deles consolou o meu coração. Mergulha-os no oceano de minha misericórdia."

Ó misericordiosíssimo Jesus, que és luz do mundo inteiro, acolhe na morada de teu piedosíssimo coração a alma dos pagãos que ainda não te conhecem. Que os raios de tua graça os iluminem, a fim de que também eles, juntamente conosco, glorifiquem os prodígios da tua misericórdia. Não os deixes sair da morada de teu piedosíssimo coração.

Que a luz de teu amor
ilumine as trevas das almas;
faze com que essas almas te conheçam
e glorifiquem conosco a tua misericórdia.

Eterno Pai, olha com olhos de misericórdia para a alma dos pagãos e daqueles que ainda não te conhecem e que estão no piedosíssimo coração de Jesus. Dá-lhes a luz do Evangelho. Essas almas não sabem quão grande felicidade é te amar. Faze com que também elas glorifiquem a generosidade de tua misericórdia, pelos séculos dos séculos. Amém!

## Quinto dia

Em nome do Pai e do Filho e do Espírito Santo. Amém.
"Ó Deus, vem me salvar.
Senhor, vem depressa em meu socorro."

## Oremos

**Glória-ao-pai.**
**Creio**

"Hoje, conduze a mim a alma dos hereges e dos cismáticos e mergulha-os no oceano de minha misericórdia. Em minha amarga paixão, dilaceraram-me a carne e o coração, isto é, a minha

Igreja. Quando retornarem à unidade da Igreja, cicatrizar-se-ão as minhas chagas e, desse modo, aliviarão a minha paixão."

Misericordiosíssimo Jesus, que és a própria bondade, não rejeites a luz àqueles que te pedem; acolhe na morada do teu piedosíssimo coração a alma dos hereges e a alma dos cismáticos. Chama-os com a tua luz à unidade da Igreja e não os deixes partir da morada de teu piedosíssimo coração, mas faze com que também eles glorifiquem a generosidade de tua misericórdia.

Também para aqueles que rasgam
a veste de tua unidade,
emane de teu coração uma fonte de piedade.
A onipotência de tua misericórdia, ó Deus,
pode redimir do erro também essas almas.

Eterno Pai, olha com os olhos de tua misericórdia para a alma dos hereges e dos cismáticos, que têm dissipado teus bens e abusado de tuas graças, perdurando obstinadamente em seus erros. Não olhes para os erros deles, mas para o amor do teu Filho e para a amarga paixão que ele assumiu por eles, já que também eles estão no piedosíssimo coração de Jesus. Faze com que também eles louvem a tua grande misericórdia, pelos séculos dos séculos. Amém!

## Sexto dia

Em nome do Pai e do Filho e do Espírito Santo. Amém.
"Ó Deus, vem me salvar.
Senhor, vem depressa em meu socorro."

## Oremos

**Glória-ao-pai.**
**Creio**
"Hoje, conduze a mim as almas dóceis e humildes e a alma das crianças e mergulha-as em minha misericórdia. Essas almas são

as mais parecidas com o meu coração. Elas têm-me sustentado no amargo tormento da agonia. Vi-as como anjos da terra que estariam vigiando os meus altares. Sobre elas, coloco as minhas graças, com toda a força. Apenas uma alma humilde é capaz de acolher a minha graça. Às almas humildes, concedo a minha plena confiança."

Misericordiosíssimo Jesus, que disseste: "Aprendam comigo, que sou dócil e humilde de coração", acolhe na morada de teu piedosíssimo coração as almas dóceis e humildes e a alma das crianças. Essas almas atraem a admiração de todo o paraíso e encontram a especial complascência do Pai celeste; formam diante do trono de Deus um ramalhete de flores, com cujo perfume delicia o próprio Deus.

Essas almas têm estável morada no piedosíssimo coração de Jesus e cantam incessantemente o hino do amor e da misericórdia, pela eternidade.

Na verdade, a alma humilde e dócil
já aqui sobre a terra respira o paraíso
e, com o perfume de seu humilde coração,
delicia-se o próprio Criador.

Eterno Pai, olha com olhos de misericórdia para as almas dóceis e humildes e para a alma das crianças, que estão na morada do piedosíssimo Coração de Jesus. Essas almas são as mais parecidas com teu Filho; o perfume delas se levanta da terra e alcança o teu trono. Pai de misericórdia e de toda bondade, suplico-te, pelo amor e pela complacência que tens por essas almas: abençoa o mundo inteiro, de maneira que todas as almas cantem juntas os louvores de tua misericórdia, por toda a eternidade. Amém!

## Sétimo dia

Em nome do Pai e do Filho e do Espírito Santo. Amém.
"Ó Deus, vem me salvar.
Senhor, vem depressa em meu socorro."

*Oremos*

**Glória-ao-pai.**
**Creio**

"Hoje, conduze a mim as almas que veneram de maneira particular e exaltam a minha misericórdia. Essas almas sofreram muito mais a minha paixão e penetraram mais profundamente em meu espírito. Elas são um reflexo vivente de meu coração piedoso. Essas almas resplenderão com uma particular luminosidade na vida futura. Nenhuma acabará no fogo do inferno; defenderei de maneira particular cada uma delas na hora da morte."

Misericordiosíssimo Jesus, cujo coração é o próprio amor, acolhe na morada de teu piedosíssimo coração as almas que, de maneira particular, veneram e exaltam a grandeza de tua misericórdia. Essas almas são plenas do poder do próprio Deus; em meio a todo tipo de tribulações e contrariedades, avançam confiantes em tua misericórdia. Essas almas estão unidas a Jesus e sustentam às costas a humanidade inteira. Elas não serão julgadas severamente, mas a tua misericórdia as envolverá na hora da morte.

A alma que exalta a bondade de seu Senhor
é por ele particularmente amada,
está sempre ao lado da fonte viva
e atrai a graça da Divina Misericórdia.

Eterno Pai, olha com olhos de misericórdia as almas que exaltam e veneram o teu maior atributo, isto é, a tua insondável misericórdia, e que estão no misericordiosíssimo coração de Jesus. Essas almas são um evangelho vivo; as mãos delas estão cheias de obras de misericórdia, e a sua alma é cheia de alegria e canta ao Altíssimo o hino da misericórdia. Suplico-te, ó Deus: mostra-lhes a tua misericórdia segundo a esperança e a confiança que colocaram em ti; realize-se nelas a promessa que Jesus disse para elas: "As almas que louvarem a minha insondável misericórdia, eu mesmo as defenderei como minha glória durante a vida, mas especialmente na hora da morte". Amém!

## Oitavo dia

Em nome do Pai e do Filho e do Espírito Santo. Amém.
"Ó Deus, vem me salvar.
Senhor, vem depressa em meu socorro."

*Oremos*

**Glória-ao-pai.**
**Creio**

"Hoje, conduze a mim as almas que estão no cárcere do purgatório e mergulha-as no abismo de minha misericórdia. Que as torrentes de meu sangue atenuem o ardor delas. Todas essas almas são muito amadas por mim; agora estão dando satisfação à minha justiça; está em teu poder dar alívio a elas. Toma do tesouro de minha Igreja todas as indulgências e oferece-as a elas. Oh!, se conhecesses o tormento delas, tu lhes oferecerias continuamente a caridade do espírito e pagarias os débitos que elas têm nos confrontos com minha justiça!

Misericordiosíssimo Jesus, que dissestes que queres misericórdia, acolhe na morada de teu piedosíssimo coração as almas do purgatório, almas estas que são muito queridas e que devem satisfazer a tua justiça.

Que as torrentes do sangue e da água, nascidas de teu coração, apaguem o fogo do purgatório, de modo que também lá seja glorificado o poder de tua misericórdia.

Do ardor tremendo do fogo do purgatório
levanta-se um lamento à tua misericórdia,
e as almas recebem conforto,
alívio e refrigério
na torrente formada
por sangue e por água.

Eterno Pai, olha com olhos de misericórdia para as almas que sofrem no purgatório e que estão no piedosíssimo coração de

Jesus. Suplico-te, pela dolorosa Paixão do teu Filho Jesus e por toda a amargura pela qual foi inundada a sua santíssima alma: mostra a tua misericórdia às almas que estão sob o olhar de tua justiça; não olhes para elas senão através das chagas de teu amadíssimo Filho Jesus, já que nós cremos que a tua bondade e a tua misericórdia não têm limites. Amém!

## Nono dia

Em nome do Pai e do Filho e do Espírito Santo. Amém.
"Ó Deus, vem me salvar.
Senhor, vem depressa em meu socorro."

*Oremos*

**Glória-ao-pai.**
**Creio**
"Hoje, conduze a mim as almas tíbias e mergulha-as no abismo de minha misericórdia. Essas almas ferem o meu coração do modo mais doloroso. A minha alma, no jardim das Oliveiras, sentiu repugnância por elas, que foram a causa pela qual eu disse: Pai, afasta de mim este cálice, se esta é a tua vontade. Para elas, recorrer à minha misericórdia constitui a última tábua de salvação."

Misericordiosíssimo Jesus, que és a própria piedade, introduzo na morada de teu coração piedosíssimo as almas tíbias. Que essas almas de gelo possam aquecer-se em teu puro amor, pois elas se assemelham a cadáveres e suscitam em ti muita repugnância. Ó Jesus piedosíssimo, usa a onipotência de tua misericórdia, atraindo-as para o próprio ardor de teu amor; concede-lhes o amor santo, dado que tudo podes.

O fogo e o gelo não podem estar unidos,
já que ou se apaga o fogo,
ou se derrete o gelo.

Mas a tua misericórdia, ó Deus,
pode socorrer misérias também maiores.

Eterno Pai, olha com olhos de misericórdia para as almas tíbias, que estão no piedosíssimo coração de Jesus. Pai da misericórdia, suplico-te, pela amargura da Paixão de teu Filho e pela sua agonia de três horas sobre a cruz: permite que também elas louvem o abismo de tua misericórdia. Amém!

## Prece à Divina Misericórdia

A prece à Divina Misericórdia foi ditada por Jesus a santa Faustina Kowalska, em 1935. Em seguida, Jesus revelou o valor e a eficácia dessa oração, na qual se oferecem a Deus Pai "o corpo e o sangue, a alma e a divindade" de Jesus Cristo e que nos unem em seu sacrifício sobre a cruz, pela salvação do mundo inteiro.

Jesus recomendou a santa Faustina exortar "[...] as almas a recitar a prece" e lhe prometeu que "[...] pela recitação dessa prece, agrada-me conceder tudo aquilo que me pedem", com a condição de que seja conforme a sua vontade.

Ligada à prece, existe também a promessa de três graças: muita misericórdia na hora da morte, isto é, a graça da conversão e a morte em estado de graça, mesmo que se trate do pecador mais empedernido; os agonizantes receberão a graça da conversão e da remissão dos pecados, se eles mesmos a recitarem ou se qualquer pessoa recitá-la próximo a eles; todas as almas que adorarem a Divina Misericórdia e recitarem a prece na hora da morte não terão medo, já que a Divina Misericórdia as protegerá nessa última luta.

Jesus, por meio de santa Faustina Kowalska, confia essas promessas aos sacerdotes, que têm o dever de aconselhar aos pecadores a recitação da prece à Divina Misericórdia como última tábua de salvação.

*A prece à Divina Misericórdia é recitada usando-se as contas do santo rosário.*

Em nome do Pai e do Filho e do Espírito Santo. Amém!
**Pai-nosso**
**Ave-maria**
**Creio**
*Nas contas do pai-nosso, recita-se a seguinte oração:*
Eterno Pai, ofereço-te o corpo e o sangue,
a alma e a divindade de teu diletíssimo Filho
e nosso Senhor Jesus Cristo,
em expiação dos nossos pecados
e daqueles do mundo inteiro.
*Nas contas da ave-maria, recita-se a seguinte oração:*
Pela sua dolorosa Paixão,
tem misericórdia de nós e do mundo inteiro.
*Conclui-se, repetindo-se três vezes a invocação:*
Deus santo, Deus forte, Deus imortal,
tem piedade de nós e do mundo inteiro.

## Hora da Divina Misericórdia

Em Cracóvia, em outubro de 1937, Jesus confiou a irmã Faustina a tarefa de venerar a hora de sua morte:

> Às três da tarde, implora a minha misericórdia, especialmente para os pecadores, e fica então, por um breve tempo, imersa em minha Paixão, particularmente em meu abandono no momento da morte. É uma hora de grande misericórdia para o mundo inteiro. Permitir-te-ei penetrar na minha tristeza mortal. Nessa hora, não recusarei nada à alma que orar em nome da minha paixão [...] (*Diário*, p. 440).

Em fevereiro de 1938, Jesus renovou esse mesmo pedido, descrevendo a finalidade da hora da misericórdia, a promessa ligada a ela e a maneira de celebrá-la:

> Toda vez que ouvires o relógio bater três horas, lembra de imergir-te na minha misericórdia, adorando-a e exaltando-a; invoca a sua onipotência para o mundo inteiro e especialmente para os pobres pecadores, já que foi nessa hora que ela se abriu para toda alma [...]. Nessa hora foi oferecida graça ao mundo inteiro; a misericórdia venceu a justiça (idem, p. 517).

Para que as orações feitas na hora da misericórdia sejam atendidas, Jesus colocou três condições: a oração deve ser dirigida a Jesus, deve ser feita às três horas da tarde e deve referir-se aos valores e aos méritos da paixão do Senhor.

Concretamente, às três horas da tarde pode-se louvar a Divina Misericórdia, recitando-se a prece ou mesmo meditando sobre a Paixão de Cristo, percorrendo a via-sacra ou, então, recitando a jaculatória: "Ó sangue e água, que brotam do coração de Jesus como fonte de misericórdia para nós, confio em vós".

## Ladainha à Divina Misericórdia

Senhor, tende piedade de nós.
Jesus Cristo, tende piedade de nós.
Jesus Cristo, ouvi-nos.
Jesus Cristo, atendei-nos.

Senhor, tende piedade de nós.
Jesus Cristo, tende piedade de nós.
Jesus Cristo, ouvi-nos.
Jesus Cristo, atendei-nos.

Deus Pai do Céu, tende piedade de nós.
Deus Filho, redentor do mundo, tende piedade de nós.
Deus Espírito Santo, tende piedade de nós.
Santíssima Trindade, que sois um só Deus, tende piedade de nós.
Misericórdia de Deus, que brotais do seio do Pai, confiamos em vós.
Misericórdia de Deus, máximo atributo da Divindade, confiamos em vós.

Misericórdia de Deus,
    mistério incompreensível, confiamos em vós.
Misericórdia de Deus,
    fonte que emana do mistério
    da Santíssima Trindade, confiamos em vós.
Misericórdia de Deus,
    que nenhuma mente humana
    nem angélica pode compreender, confiamos em vós.
Misericórdia de Deus, da qual provêm
    toda vida e felicidade, confiamos em vós.
Misericórdia de Deus,
    a mais sublime dos céus, confiamos em vós.
Misericórdia de Deus,
    fonte de estupendas maravilhas, confiamos em vós.
Misericórdia de Deus,
    que abraçais todo o universo, confiamos em vós.
Misericórdia de Deus, que desceis
    ao mundo na pessoa
    do Verbo encarnado, confiamos em vós.
Misericórdia de Deus,
    que escorrestes da chaga aberta
    do coração de Jesus por nós, confiamos em vós.
Misericórdia de Deus, encerrada
    no coração de Jesus, por nós
    e sobretudo pelos pecadores, confiamos em vós.
Misericórdia de Deus, imperscrutável
    na instituição da Eucaristia, confiamos em vós.
Misericórdia de Deus, que fundastes
    a santa Igreja, confiamos em vós.
Misericórdia de Deus, que instituístes
    o sacramento do batismo, confiamos em vós.
Misericórdia de Deus, que nos justificais
    mediante Jesus Cristo, confiamos em vós.

Misericórdia de Deus,
   que por toda a vida
   nos acompanhais,                                confiamos em vós.
Misericórdia de Deus, que nos abraçais
   especialmente na hora da morte,       confiamos em vós.
Misericórdia de Deus,
   que nos doais a vida imortal,           confiamos em vós.
Misericórdia de Deus,
   que nos seguis a cada instante
   de nossa existência,                          confiamos em vós.
Misericórdia de Deus, que nos protegeis
   do fogo do inferno,                          confiamos em vós.
Misericórdia de Deus,
   maravilha para os anjos,
   incompreensível aos santos,            confiamos em vós.
Misericórdia de Deus, presente
   em todos os divinos mistérios,         confiamos em vós.
Misericórdia de Deus,
   que nos aliviais de toda miséria,       confiamos em vós.
Misericórdia de Deus,
   fonte de toda a nossa alegria,          confiamos em vós.
Misericórdia de Deus, que do nada
   nos chamastes à existência,            confiamos em vós.
Misericórdia de Deus, que abraçais
   todas as obras em vossas mãos,       confiamos em vós.
Misericórdia de Deus, que coroais
   tudo aquilo que existe e existirá,       confiamos em vós.
Misericórdia de Deus, na qual
   estamos todos imersos,                  confiamos em vós.
Misericórdia de Deus, doce consolo
   dos corações desesperados,            confiamos em vós.
Misericórdia de Deus, na qual
   repousam os corações e
   os que têm medo encontram a paz,   confiamos em vós.

Misericórdia de Deus, que infundis
   esperança contra toda
   esperança,                                    confiamos em vós.
Cordeiro de Deus,
   que tirais os pecados do mundo,               perdoai-nos, Senhor.
Cordeiro de Deus,
   que tirais os pecados do mundo,               ouvi-nos, Senhor.
Cordeiro de Deus,
   que tirais os pecados do mundo,               tende piedade de nós.

## *Oremos*

Deus Eterno, cuja misericórdia é infinita e cujo tesouro de compaixão é inexaurível, voltai para nós vosso olhar de bondade e multiplicai em nós a vossa misericórdia, para que nos momentos difíceis não desanimemos e não percamos a esperança, mas com a máxima confiança nos submetamos à vossa santa vontade, que é amor e misericórdia. Amém!

## Orações escritas por irmã Faustina

### *Render graças*

Sou grata a ti, ó Deus, por todas as graças com que me cumulas continuamente, que me iluminam, como raios de sol, e com as quais me indicas o caminho seguro.

Graças, ó Deus, por ter-me criado, por ter-me chamado à existência a partir do nada e por ter impresso em mim o teu selo divino, fazendo-o unicamente por amor.

Graças, ó Deus, pelo santo batismo, que me inseriu em tua família: é um grande e inconcebível dom da graça, que me transforma a alma.

Graças, ó Deus, pela santa confissão, por essa fonte de grande, inexaurível misericórdia, por essa fonte inconcebível de graças, pela qual as almas são absolvidas do pecado e se tornam cândidas.

Agradeço-te, Jesus, pela santa comunhão, na qual nos doas a ti mesmo. Ouço o teu coração bater em meu peito, enquanto tu mesmo desenvolves em mim a vida divina.

Agradeço-te, ó Espírito Santo, pelo sacramento da crisma, que me torna teu cavaleiro, dá força à alma em cada momento e protege do mal.

Agradeço-te, ó Deus, pelo dom do chamado ao teu serviço, mediante o qual me dás a possibilidade de amar unicamente a ti. É uma grande honra para a minha alma.

Agradeço-te, Senhor, pelos votos perpétuos, por este vínculo de amor puro, por ter-te dignado unir o meu coração ao teu coração imaculado, unificando-o com o teu em uma ligação de pureza.

Agradeço-te, Senhor, pelo sacramento da unção dos enfermos, que me dará forças nos últimos momentos da luta e me ajudará a me salvar, dando vigor à minha alma, para que eu possa alegrar-me eternamente.

Graças, Senhor, por todas as inspirações com que me enche a tua bondade, por estas iluminações interiores da alma que são impossíveis de se exprimir, mas que o coração percebe.

Graças, Santíssima Trindade, pela enorme quantidade de dons que me concedeste durante a vida; a minha gratidão aumentará ao despontar da eterna aurora, quando, pela primeira vez, cantarei os teus louvores (*Diário*, pp. 430-431).

## Ato de oblação

Ó Jesus hóstia, que recebi neste momento em meu coração, em união contigo ofereço-me ao Pai celeste como vítima sacrifical, remetendo-me totalmente e da maneira mais absoluta à misericordiosíssima e santa vontade de meu Deus.

A partir de hoje, a tua vontade, ó Senhor, é o meu alimento. Tens todo o meu ser; dispõe de mim segundo os teus divinos entendimentos. Qualquer coisa que me ofereça a tua mão paterna, eu a aceitarei com submissão, serenidade e alegria. Nada temo, qualquer que seja o modo com que me queiras guiar; com a ajuda de tua graça, executarei tudo aquilo que quiseres de mim. Já não temo mais nenhuma inspiração tua, nem a analiso com a preocupação de saber aonde me conduz.

Guia-me, ó Deus, nas estradas que quiseres; tenho plena confiança em tua vontade, que para mim é o amor e a própria misericórdia.

Dar-me-ás a morte no momento em que, humanamente falando, a minha vida parecerá mais necessária? Sê bendito.

Tomar-me-ás durante a juventude? Sê bendito.

Far-me-ás chegar à idade avançada? Sê bendito.

Dar-me-ás saúde e força? Sê bendito.

Prender-me-ás num leito de dor, talvez por toda a vida? Sê bendito.

Durante a vida, dar-me-ás apenas desilusões e insucessos? Sê bendito.

Permitirás que as minhas intenções mais puras sejam condenadas? Sê bendito.

Darás luz ao meu intelecto? Sê bendito.

Deixar-me-ás nas trevas e em todo tipo de angústia? Sê bendito.

A partir deste momento, vivo na mais profunda serenidade, já que o próprio Senhor me leva em seus braços. Ele, o Senhor da misericórdia imperscrutável, sabe que desejo apenas a ele, em tudo, sempre e em todo lugar.

## Para adorar a misericórdia de Deus

Ó Deus de infinita misericórdia, que me permites trazer alívio e ajuda aos agonizantes com as minhas pobres orações, sê bendito milhares de vezes, quantas são as estrelas no céu e as gotas de água em todos os oceanos. Que a tua misericórdia ressoe por toda a extensão da terra e suba até os pés de teu trono, para exaltar este teu máximo atributo, isto é, a tua indizível misericórdia.

Ó Deus, essa misericórdia sem fim arrebata em novo êxtase as almas santas e todos os espíritos celestes. Os puros espíritos imergem num assombro sagrado, adorando a incompreensível misericórdia de Deus, que os arrebata em um novo êxtase; a adoração deles acontece de maneira perfeita.

Ó Deus eterno, quão ardentemente desejo adorar este teu atributo máximo, isto é, a tua insondável misericórdia. Vejo toda a minha pequenez e não posso me comparar aos habitantes do paraíso que, em uma santa admiração, exaltam a misericórdia do Senhor; mas também eu encontrei um modo perfeito para adorar essa inconcebível misericórdia de Deus (idem, p. 304).

*

Ó meu Deus, que tudo aquilo que está em mim seja para te dar glória; ó meu criador e senhor, cada pulsar do meu coração seja para exaltar a tua insondável misericórdia. Desejo falar às pessoas de tua bondade e incitá-las a confiar na tua misericórdia. Essa é a missão que tu mesmo me confiaste, ó Senhor, nesta e na vida futura (idem, p. 446).

## Confiança na misericórdia de Deus

Recorro à tua misericórdia, ó Deus benigno; a ti, que és o bem. Mesmo que a minha miséria seja grande e as minhas culpas numerosas, confio na tua misericórdia, pois és o Deus da misericórdia e, por séculos, nunca se ouviu, nem a terra nem o céu se lembram, de que uma alma confiante em tua misericórdia tenha sido desamparada.

Ó Deus de piedade, somente tu podes perdoar-me e não me rechaçarás nunca, quando eu recorrer, arrependida, ao teu coração misericordioso, do qual ninguém jamais recebeu uma recusa, mesmo que fosse o maior dos pecadores (idem, p. 568).

\*

Ó Deus de grande misericórdia, que te dignaste enviar o teu Filho unigênito como a maior demonstração de amor e de misericórdia sem limites, tu que não recusas os pecadores, mas abres também para eles o tesouro de tua infinita misericórdia, pela qual podem alcançar, com abundância, não só a justificação, mas também toda a santidade que a alma pode alcançar.

Pai de grande misericórdia, desejo que todos os corações se dirijam com confiança à tua infinita misericórdia. Ninguém poderá justificar-se diante de ti, se não o acompanhar a tua insondável misericórdia. Quando nos for revelado o mistério de tua misericórdia, a eternidade não será suficiente para agradecer-te por ela adequadamente (idem, p. 385).

\*

Ó meu Deus, minha única esperança, em ti coloquei toda a minha confiança e sei que não me desiludirei (idem, p. 137).

\*

Ó Jesus misericordiosíssimo, a tua bondade é infinita e as riquezas das tuas graças são inexauríveis.

Confio totalmente na tua misericórdia, que supera toda a tua obra.

A ti dôo todo o meu ser, sem reservas, para poder assim viver e tender à perfeição cristã.

Desejo adorar e exaltar a tua misericórdia, cumprindo as obras de misericórdia, tanto em relação ao corpo quanto em relação ao espírito, buscando, sobretudo, obter a conversão dos pecadores e levando consolação a quem dela tem necessidade: portanto, aos doentes e aos aflitos.

Guarda-me, ó Jesus, já que pertenço apenas a ti e à tua glória.

O medo que me acomete quando tomo consciência de minha fraqueza é vencido pela minha imensa confiança em tua misericórdia.

Que todas as pessoas possam conhecer a tempo a infinita profundidade de tua misericórdia, tenham confiança nela e a louvem eternamente. Amém!

## Pela Igreja e pelos sacerdotes

Ó meu Jesus, rogo-te por toda a Igreja: concede-lhe o amor e a luz de teu Espírito Santo; dá vigor às palavras dos sacerdotes, de maneira que os corações empedernidos se enterneçam e retornem a ti, Senhor.

Ó Senhor, dá-nos santos sacerdotes; tu mesmo os conservas na santidade.

Ó Divino e Sumo Sacerdote, que o poder da tua misericórdia os acompanhe em todo lugar e os defenda das insídias e das armadilhas do diabo, que busca continuamente a alma dos sacerdotes.

Que o poder de tua misericórdia, ó Senhor, destrua e aniquile tudo aquilo que pode obscurecer a santidade dos sacerdotes, já que tudo podes (idem, pp. 367-368).

## Pela humanidade

Deus de grande misericórdia, bondade infinita, eis que hoje toda a humanidade do abismo de sua miséria grita à tua misericórdia, à tua compaixão, ó Deus, e grita com a voz forte da própria miséria.

Ó Deus benigno, não recuses a oração dos exilados desta terra. Ó Senhor, bondade inconcebível, tu conheces perfeitamente a nossa miséria e sabes que não somos capazes de nos elevarmos a ti com nossas próprias forças.

Nós te suplicamos: protege-nos com a tua graça e multiplica incessantemente sobre nós a tua misericórdia, de modo que possamos cumprir fielmente a tua santa vontade durante toda a vida e na hora da morte.

Que a onipotência de tua misericórdia nos defenda dos assaltos dos inimigos de nossa salvação, de modo que possamos esperar com confiança, como filhos teus, a tua última vinda no dia conhecido somente por ti.

E esperamos, apesar de toda a nossa miséria, obter tudo aquilo que nos foi prometido por Jesus, já que Jesus é a nossa confiança; por meio de seu coração misericordioso, como por uma porta aberta, entraremos no paraíso (idem, pp. 516-517).

## *Pela pátria*

Ó Jesus misericordiosíssimo, rogo-te, por intercessão de teus santos e, especialmente, por intercessão de tua amadíssima mãe, que te criou desde a infância, suplico-te: abençoa a minha pátria.

Ó Jesus, não olhes os nossos pecados, mas olha as lágrimas das crianças pequenas, a fome e o frio que sentem.

Ó Jesus, por esses inocentes, concede-me a graça que te peço para a minha pátria (idem, p. 129).

## *Pelos pecadores*

Ó Jesus, quanta pena me dão os pobres pecadores!

Ó Jesus, concede-lhes o arrependimento e a dor; lembra-te de tua dolorosa Paixão. Conheço a tua infinita misericórdia.

Não posso suportar que uma alma, que a ti custou tanto, deva perecer.
Ó Jesus, dá-me a alma dos pecadores.
Que a tua misericórdia pouse sobre elas.
Toma-me tudo, mas dá-me as almas.
Desejo tornar-me uma vítima sacrifical pelos pecadores. Que o invólucro do meu corpo esconda o meu sacrifício, dado que também o teu sacratíssimo coração está escondido na hóstia, na qual, portanto, és um sacrifício vivo.
Ó Jesus, transubstancia-me em ti, para que eu seja um sacrifício vivo e agradável a ti. Desejo defender a todo momento os pobres pecadores. Ó meu Criador e Pai de grande misericórdia, confio em ti, já que tu és a bondade personificada (idem, pp. 326-327).

## Para fazer a vontade de Deus

Ó Jesus, estendido na cruz, suplico-te: concede-me a graça de cumprir fielmente a santíssima vontade do teu Pai, sempre, em todo lugar e em tudo.

E quando a vontade de Deus me parecer pesada e difícil de ser cumprida, suplico-te, Jesus: desçam então sobre mim a força e o vigor de tuas chagas e que os meus lábios repitam: "Senhor, seja feita a tua vontade".

Ó Salvador do mundo, amante da salvação humana, tu, que dentre as tremendas dores do teu suplício, te esqueceste de ti mesmo e pensaste na salvação das almas, ó Jesus piedosíssimo, concede-me a graça de eu me esquecer de mim mesma, de modo que eu viva totalmente pelas almas, colaborando contigo na obra da salvação, segundo a santíssima vontade do teu Pai (idem, p. 424).

## Para obter a sabedoria

Ó Jesus, dá-me inteligência, uma grande inteligência iluminada pela fé, unicamente para te conhecer melhor, pois que quanto mais te conheço mais ardentemente te amo.

Jesus, peço-te uma inteligência profunda para compreender as coisas divinas e superiores.

Jesus, dá-me uma grande inteligência, com a qual poderei conhecer a tua essência divina e a tua vida interior e trinitária.

Torna a minha mente capaz, com a tua graça especial (idem, pp. 483-484).

## Para sermos misericordiosos

Desejo transformar-me toda na misericórdia e ser reflexo vivo de ti, ó Senhor. Que o maior atributo de Deus, isto é, a sua incomensurável misericórdia, atinja o meu próximo por meio de meu coração e de minha alma.

Ajuda-me, ó Senhor, a fazer com que meus olhos sejam misericordiosos, de modo que eu jamais nutra suspeita, nem julgue com base nas aparências, mas saiba discernir aquilo que existe de belo na alma de meu próximo e consiga ajudá-lo.

Ajuda-me a fazer com que meus ouvidos sejam misericordiosos, que me incline às necessidades de meu próximo, que minha audição não seja indiferente às dores nem aos gemidos de meu próximo.

Ajuda-me, ó Senhor, a fazer com que minha língua seja misericordiosa e não fale desfavoravelmente do próximo, mas tenha, para cada um, uma palavra de conforto e de perdão.

Ajuda-me, ó Senhor, a fazer com que minhas mãos sejam misericordiosas e cheias de boas ações, de modo que eu saiba fazer unicamente o bem ao próximo e tome para mim os trabalhos pesados e mais penosos.

Ajuda-me a fazer com que meus pés sejam misericordiosos, de maneira que eu corra sempre para ajudar o próximo, vencendo a minha indolência e o meu cansaço; o meu verdadeiro repouso está na disponibilidade para com o próximo.

Ajuda-me, Senhor, a fazer com que o meu coração seja misericordioso, de maneira a participar de todos os sofrimentos do próximo. A ninguém recusarei o meu coração. Comportar-me-ei sinceramente também com aqueles que sei que abusarão de minha bondade, enquanto me refugio no misericordiosíssimo coração de Jesus.

Não falarei de meus sofrimentos. Hospeda em mim a tua misericórdia, ó meu Senhor...

Ó meu Jesus, transforma-me em ti, já que tu podes tudo (idem, pp. 88-89).

## Para a hora da morte

Ó meu Jesus, faze que os últimos dias de exílio sejam completamente conformes à tua santíssima vontade. Uno os meus sofrimentos, as minhas amarguras e minha própria agonia à tua santa paixão e me ofereço pelo mundo inteiro, para impetrar a abundância da Divina Misericórdia nas almas, especialmente naquelas que vivem em nossas casas.

Tenho muita confiança na tua santa vontade e me confio completamente a ela, que é a própria misericórdia.

A tua misericórdia será tudo para mim na última hora (idem, p. 518).

## Ao Espírito Santo

Ó Espírito de Deus, Espírito de verdade e de luz, que moras em mim estavelmente com a tua divina graça, que o teu sopro disperse as trevas, que na tua luz multipliquem-se as obras de bem.

Ó Espírito de Deus, Espírito de amor e de misericórdia, que infundes em meu coração o bálsamo da confiança, que a tua graça confirme no bem a minha alma, dando-lhe uma força invencível: a perseverança.

Ó Espírito de Deus, Espírito de paz e de alegria, dá alívio ao meu coração sedento, reservando-lhe a fonte viva do amor de Deus e tornando-o intrépido para a batalha.

Ó Espírito de Deus, hóspede amabilíssimo de minha alma, desejo ser-te fiel, tanto nos dias felizes quanto no tormento dos sofrimentos.

Ó Espírito de Deus, desejo viver sempre na tua presença.

Ó Espírito de Deus, penetra em meu ser por inteiro, e faze-me conhecer a tua vida divina e trinitária, revelando-me os mistérios de tua essência divina. Unida a ti, viverei pela eternidade (idem, p. 466).

## A Maria, Mãe da misericórdia

Ó Maria, mãe e senhora minha, confio a ti a minha alma e o meu corpo, a minha vida e a minha morte e aquilo que virá depois. Coloco tudo em tuas mãos.

Ó minha mãe, cobre com o teu manto virginal a minha alma, concede-me a graça da pureza do coração, da alma e do corpo e defende-me, com o teu poder, de todos os inimigos [...].

Ó esplêndido lírio, tu és o meu espelho, ó minha mãe (idem, p. 43).

\*

Ó Maria, virgem imaculada, toma-me sob a tua especialíssima proteção e guarda a pureza de minha alma, de meu coração e de meu corpo.

Tu és o modelo e a estrela de minha vida (idem, p. 317).

\*

Ó Maria, virgem imaculada, puro cristal para o meu coração, tu és a minha força; ó âncora poderosa, tu és o escudo e a defesa dos corações frágeis.

Ó Maria, tu és pura e incomparável, virgem e mãe ao mesmo tempo.

Tu és bela como o sol, sem mácula alguma; nada se compara à imagem de tua alma.

A tua beleza fascinou aquele que é três vezes santo, descido dos céus; ao deixar o trono de sua morada eterna, assumiu corpo e sangue de teu coração, escondendo-se por nove meses no coração da virgem.

Ó mãe, ó virgem, ninguém chega a compreender que o imenso Deus torna-se homem apenas por amor e por sua insondável misericórdia.

Por teu mérito, ó mãe, viveremos com ele para sempre.

Ó Maria, virgem mãe e porta do céu, por meio de ti nos veio a salvação; toda graça brota para nós de tuas mãos e apenas a a fiel imitação de ti me fará santa.

Ó Maria, ó virgem, ó lírio mais belo, o teu coração foi o primeiro tabernáculo de Jesus na terra, pois a tua humildade foi a mais profunda; por isso, foste exaltada acima dos coros dos anjos e acima dos santos.

Ó Maria, minha doce mãe, confio a ti a alma, o corpo e o meu pobre coração.

Sê a guardiã de minha vida, sobretudo na hora da morte, na última batalha (idem, p. 86).

\*

Ó Maria, minha mãe, peço-te humildemente: cobre a minha alma com o teu manto virginal, neste momento tão importante de minha vida, de modo que eu seja agradecida ao teu Filho e possa dignamente exaltar a sua misericórdia diante do mundo inteiro e por toda a eternidade (idem, p. 107).

\*

Ó mãe de Deus, a tua alma foi imersa em um mar de amarguras: olha para a tua menina e ensina-lhe a sofrer e a amar no sofrimento. Fortifica a minha alma, de maneira que a dor não a despedace (idem, p. 137).

\*

Ó virgem, ó flor estupenda, não ficarás muito mais neste mundo. Quão bela é a tua graça, ó minha esposa querida. Nenhuma cifra pode indicar o quão preciosa é a tua flor virginal.

O teu esplendor por nada ofuscado é corajoso, forte e invencível.

Até mesmo o esplendor do sol da tarde parece apagado e opaco diante de um coração virginal.

Não vejo nada maior do que a virgindade; é uma flor extraída do coração de Deus.

Ó doce virgem, rosa perfumada, mesmo sendo muitas as cruzes aqui na terra, os olhos não viram, nem entrou na mente de nenhuma pessoa aquilo que espera uma virgem no céu.

Ó virgem, ó lírio branco como a neve, tu vives totalmente e apenas por Jesus, e no puro cálice de teu coração existe uma confortável morada para o próprio Deus.

Ó virgem, ninguém consegue cantar o teu hino; no teu canto está escondido o amor de Deus. Nem mesmo os anjos compreendem aquilo que as virgens cantam a Deus.

Ó virgem, a tua flor de paraíso escurece todos os esplendores do mundo; mesmo que o mundo não possa te compreender, ele inclina humildemente a fronte diante de ti.

Mesmo que o caminho de uma virgem seja coberto de espinhos, e a sua vida cheia de cruzes de várias naturezas, quem é tão valoroso quanto ela?

Nada a destrói, é invencível.

Ó virgem, anjo na terra, a tua grandeza é reconhecida em toda a Igreja.

Tu és a guardiã do tabernáculo e, como um serafim, transforma-te toda em amor (idem, pp. 569-570).

\*

Ó doce mãe do Senhor, em ti está o modelo de minha vida; tu és para mim uma aurora radiosa. Extasiada, imerjo-me em ti.

Ó mãe, ó virgem imaculada, em ti reflete-se para mim o raio de Deus.

Tu me ensinas a amar o Senhor nas tempestades, tu és o meu escudo e a minha defesa contra os inimigos (idem, pp. 415-416).

*

Ó mãe do perpétuo socorro, venho a ti como a uma mãe, em cada sofrimento meu, em cada necessidade da vida. Por isso, em qualquer momento, de dia ou de noite, vens em socorro de minha impotência. E quando chegar a hora da morte, correrás para ajudar-me, tu que és mãe.

## Orações inspiradas na espiritualidade de santa Faustina

### *Bendizemos-te, Pai santo*[11]

Bendizemos-te, Pai santo:
no teu imenso amor para com o gênero humano
enviaste ao mundo como salvador o teu Filho,
feito homem no ventre da virgem puríssima.
Em Cristo, doce e humilde de coração,
tu nos deste a imagem
de tua infinita misericórdia.
Contemplando o seu rosto reconhecemos a tua bondade;
recebendo de tua boca as palavras de vida
nos enchemos de tua sabedoria;
descobrindo as insondáveis profundezas de seu coração
apreendemos benignidade e mansidão;
exultando por sua ressurreição
provamos a alegria da páscoa eterna.

---

[11] Oração recitada por João Paulo II.

Concede, ó Pai, que os teus fiéis,
louvando esta santa imagem,
tenham os mesmos sentimentos que estiveram em Jesus Cristo
e tornem-se operadores de concórdia e de paz.
Que o teu Filho, ó Pai,
seja para todos nós a verdade que nos ilumina,
a vida que nos nutre e nos renova,
a luz que ilumina o caminho,
o caminho que nos faz subir a ti
para cantar eternamente a tua misericórdia.
Ele é Deus e vive e reina nos séculos dos séculos. Amém.

## *Consagração do mundo à Divina Misericórdia*[12]

Deus, Pai misericordioso,
que revelaste o teu amor
no teu Filho Jesus Cristo
e o derramaste sobre nós
no Espírito Santo, consolador,
confiamos a ti, hoje, os destinos
do mundo e de cada ser humano.
Inclina-te sobre nós, pecadores,
derrota todo mal,
faze que os habitantes da terra
experimentem a tua misericórdia,
para que em ti, Deus uno e trino,
encontrem sempre
a fonte da esperança.
Pai eterno,
pela dolorosa Paixão
e ressurreição de teu Filho,
tem misericórdia de nós e do mundo inteiro.

---

[12] Oração recitada em 22 de fevereiro de 1999, na Igreja do Espírito Santo, em Sassia (Roma), pelo bispo polonês dom Roman Marcinkowski.

## *Porque confio em ti*[13]

Jesus, eu confio em ti!
Por que confio?
Por que creio em ti?
Porque foste morto por mim na cruz.
Porque venceste a morte e o pecado.
Porque preparaste um lugar para mim na casa do Pai.
Porque me fizeste filho de Deus.
Porque te ofereces a mim.
Porque cuidas da minha salvação.
Porque me procuras quando erro.
Porque não te desencorajam as minhas quedas.
Porque não queres que eu me perca.
Porque te alegras quando retorno a ti.
Porque tu me amas assim como sou.
Porque nunca condenas.
Porque perdoas.
Porque tu nunca renunciaste a mim.
Porque enxugas as lágrimas.
Porque és portador da paz.
Porque em ti está a felicidade.

## *Eu confio em ti, porque tu és o meu Senhor e o meu Salvador!*

"Jesus, eu confio em ti"
significa que Jesus quer ser o Senhor
da minha família e dos meus amigos,
do meu presente e do meu futuro,

---

[13] Oração recitada por João Paulo II em Cracóvia, em 17 de agosto de 2002, por ocasião da consagração do novo santuário dedicado à Divina Misericórdia.

da minha educação e do meu trabalho,
da minha saúde e da minha doença,
da minha carne e da minha alma,
da minha pobreza e da minha riqueza,
das minhas esperanças e das minhas preocupações,
do meu dinheiro e das minhas despesas,
da minha inteligência e da minha vontade,
dos meus olhos, ouvidos, mãos e pés,
do meu modo de divertir-me, de repousar,
de vestir-me, de comer, falar e pensar.

### *Jesus, eu confio em ti!*

Isto significa:
que tu és para mim aquele que decide toda a minha vida;
que tu guias toda a minha existência,
que tudo aquilo que faço,
o faço porque agrada a ti,
porque tu estás em primeiro lugar.
Que eu quero ser como o espelho
no qual os outros te vejam.
Dispõe de mim segundo os teus divinos entendimentos.
Qualquer coisa que haja,
colocarás sobre mim a tua mão paterna;
eu a aceitarei com submissão,
serenidade e alegria.
Guia-me, ó Deus, nos caminhos que quiseres.
Tenho plena confiança na tua vontade,
que para mim é o amor e a própria misericórdia.
Jesus, eu confio em ti,
sempre, em todo lugar e em tudo. Amém!

# BIBLIOGRAFIA

*Dio ricco di misericordia. Libro di meditazioni e preghiere alla Divina Misericordia per sacerdoti, religiosi e fedeli laici.* Città del Vaticano, Libreria Editrice Vaticana, 1996.

DLUBAK, M. N. & SIEPAK, M. E. (Coords.). *La spiritualità di santa Faustina. La via verso l'unione con Dio.* Città del Vaticano, Libreria Editrice Vaticana, 2001.

EDITRICE SHALOM. *Gesù, confido in te! Le preghiere di santa Faustina. Il culto della Divina Misericordia.* Camerata Picena (Ancona), Shalom, 2000.

KOWALSKA, M. F. *Diario.* Città del Vaticano, Libreria Editrice Vaticana, 2000.

\_\_\_\_\_. KLUZ, W. ocd. (Coord.). *Gesù, confido in te! Scritti scelti.* Roma, Città Nuova, 1991.

MALINSKI, M. *Pellegrini a Czestochowa.* Cinisello Balsamo (MI), San Paolo, 1991.

MENEY, P. *Anche il Papa ha avuto vent'anni.* Milano, Paoline, 1996.

SIEPAK, M. E. *Beata suor Faustina.* Città del Vaticano, Libreria Editrice Vaticana, 1993.

\_\_\_\_\_. *Ha reso straordinaria la vita quotidiana. La via alla perfezione cristiana e la missione della beata suor Faustina.* Roma, Centro di Spiritualità della Divina Misericordia, 1995.

\_\_\_\_\_ (Coord.). *Gesù confido in te! Adorare e implorare la misericordia di Dio.* Città del Vaticano, Libreria Editrice Vaticana, 1997.

WINOWSKA, M. *L'icona dell'Amore misericordioso.* Il messaggio di suor Faustina Kowalska. Cinisello Balsamo (MI), San Paolo, 2000.

Figura 1 – *Casa em que nasceu santa Faustina Kowalska, em Glogowiec.*

Figura 2 – *1935 – Santa Faustina com o hábito religioso, com seus pais.*

Figura 3 – Cracóvia-Lagiewniki – A casa da Congregação das Irmãs da Bem-Aventurada Virgem Maria da Misericórdia, na qual santa Faustina viveu alguns períodos de sua breve existência e onde se localiza o primeiro santuário dedicado à Divina Misericórdia.

Figura 4 – Dom Michele Sopocko, confessor de santa Faustina de 1933 a 1936.

Figura 5 – *A casa da Congregação das Irmãs da Bem-Aventurada Virgem Maria da Misericórdia, em Plock.*

Figura 6 – *Plock, o lugar em que santa Faustina teve a primeira visão de Jesus misericordioso, em 22 de fevereiro de 1931.*

Figura 7 – *Imagem de Jesus misericordioso, venerada na igreja do Espírito Santo, em Sassia, Roma.*

Figura 8 – *Cracóvia-Lagiewniki – Interior do santuário da Divina Misericórdia.*

Figura 9 – *Imagem de Jesus misericordioso venerada no santuário da Divina Misericórdia de Cracóvia-Lagiewniki e túmulo de santa Faustina.*

Figura 10 – *Roma – Praça de São Pedro, 18 de abril de 1993. Beatificação de irmã Faustina Kowalska.*

Figura 11 – *Roma – Praça de São Pedro, 30 de abril de 2000. Canonização da beata Faustina Kowalska.*

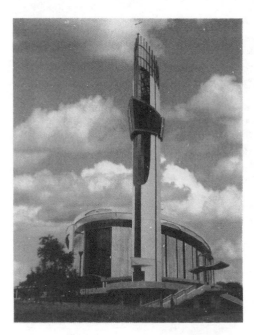

Figura 12 – *Cracóvia-Lagiewniki – O novo santuário dedicado à Divina Misericórdia por João Paulo II, em 17 de agosto de 2002.*

Figura 13 – *Cracóvia-Lagiewniki, 17 de agosto de 2002. João Paulo II no momento da dedicação do novo santuário.*

Figura 14 – *Santa Faustina Kowalska*.

# SUMÁRIO

Dados biográficos ........................................................... 7
Prefácio ........................................................................ 15
Capítulo 1 – Helena Kowalska ...................................... 21
Tempo de guerra ........................................................... 25
Capítulo 2 – Helena se torna irmã Faustina ................... 29
"Foi aqui que eu te chamei" .......................................... 36
Capítulo 3 – Compondo a tela da santidade .................. 41
Varsóvia ........................................................................ 45
"Polônia, minha querida pátria" ................................... 46
Cracóvia, a antiga capital .............................................. 48
Vendedora de pão em Plock .......................................... 50
Wilno ............................................................................ 53
Capítulo 4 – Jardineira em Wilno .................................. 57
"Senhor, não sou capaz" ................................................ 68
Em Cracóvia, para morrer ............................................. 75
Capítulo 5 – Funestos clarões de guerra ........................ 81
Do silêncio à glória ....................................................... 89
Capítulo 6 – Espiritualidade e missão de santa
Faustina Kowalska ........................................................ 95
A missão de santa Faustina ......................................... 101
A devoção à Divina Misericórdia ................................ 102

Apêndice ..................................................................... 113
Carta encíclica *Dives in misericordia*,
de João Paulo II .......................................................... 113
Novena à Divina Misericórdia .................................... 124
Prece à Divina Misericórdia ........................................ 135
Hora da Divina Misericórdia ...................................... 136
Ladainha à Divina Misericórdia .................................. 137
Orações escritas por irmã Faustina ............................. 140
Orações inspiradas na espiritualidade de
santa Faustina ............................................................. 153

Bibliografia ................................................................. 157

Rua Dona Inácia Uchoa, 62
04110-020 – São Paulo – SP (Brasil)
Tel.: (11) 2125-3500
http://www.paulinas.com.br – editora@paulinas.com.br
Telemarketing e SAC: 0800-7010081